これだけは
身につけたい

小学校教員の常識67

村越 晃［編］

一藝社

まえがき

　教員免許更新制が平成23年度から導入され、先生方は10年ごとに30時間の研修が必要になりました。私が勤務していた大学でも講座が設けられ、夏休みに現場の先生方が講習に来られていました。来校される先生方を眺めていますと、おおむね講習を受ける心構えは感じられるのですが、一部に違和感を覚えてしまう方も見受けられました。

　かつて「教員の常識は世間の非常識」と揶揄《やゆ》されたことがあります。大学を出て教員になった途端、いきなりクラスを持たされ、一国一城の主《あるじ》になってしまう。知力も体力も劣勢にある子どもたちを相手に、思うがままの教育ができる。年長の親たちに対しても教育の専門家としての立場でいられる。校長や教頭の管理的な教育に屈せず民主的な教育の理念を持って、狭い教員の社会で闊歩《かっぽ》していく。そんな勘違いが指摘された内容でした。

　そこで、全国の現役・OBの校長・教頭・指導主事・教員・事務職員・給食従業員および保護者・学校出入りの業者・校医さん等に「小学校教員の常識とは」のテーマでアンケート調査をお願いしました。その結果を整理し、67項目の事例に絞り、イラストを中心に読みやすく記述しました。

　児童期の子どもたちは、先生をよく見ています。そしてそれをモデルにして成長していきます。良い面だけを取り入れるのならよいのですが、悪い面も取り入れて成長していきます。それだけに、教師に求められる「常識」は多岐にわたってるのです。

　この本が現場の先生方に役立つだけではなく、これから教師になろうとする教員志望者の参考になれば幸いです。

　この本の出版に快く賛同してくださいました一藝社の菊池公男社長、編集に携わってくださいました藤井千津子さんに感謝申し上げます。

2015年９月吉日

編者　村越　晃

小学校教員の常識 67 ／ もくじ

Step 1　マナー

Step 2　教養

Step 3 専門性

Step 4 学校で

Step 5　子どもと

Step 6　保護者・地域と

これだけは
身につけたい

小学校教員の常識67

01 化粧もＴＰＯに応じて

３年目の田中先生は、初任者と学年を一緒に組み、「この１年、一人前の教員になるよう面倒を見てくれ」と校長先生に頼まれました。さて今日は初任者が赴任する第１日目で、初対面になります。職員室に入ってきた初任者はなんと化粧の濃いこと、目のふちは真っ黒で付けまつ毛をしています。田中先生は驚くと同時に、この先うまくやっていけるか不安になってしまいました。

◉ マイナスポイント

学校は教育現場です。濃い化粧はふさわしくありません。地肌の色や目の原形が分からなくなるほどの化粧は、表情を覆う仮面のようです。子どもにとっては、異様に映るかもしれません。また、汗をかいて化粧がくずれたり、夏はプール入水後、素顔になったりすると顔の印象がかなり変わってしまうこともあります。子どもの衣服に化粧が付着することも考えられます。これでは、子どもと大切な信頼関係を築くことができません。

コラム

「目は口ほどにものを言う」ということわざがあります。喜怒哀楽の感情が最も顕著に表れるのが目です。先生の感情表現が子どもの感性を育む一つになることを忘れてはなりません。アイラインで真っ黒く縁取られた目ではなく、感情が伝わりやすい自然な目でこそコミュニケーションも進みます。

◉ アドバイス

小学校は学びの場です。子どもは、先生の姿をお手本として一挙手一投足を見ています。先生の表情一つで、子どもの行動が左右されると言っても過言ではありません。表情が分かりやすい自然な化粧であることが望ましいと言えます。そして自分に自信を持ち、自分らしさを大切にしましょう。輝く表情になる秘訣《ひけつ》です。

◉ ステップアップ

肌の状態が良いと、お化粧ののりがよく薄化粧で十分です。それには健康的な生活を送ることが必要です。食事や睡眠、排泄など基本的生活習慣を見直し、規則正しい生活を送りましょう。その中でも食事は、とても大事で、体を作ることに直結するといわれています。旬の食材を取り入れ、栄養バランスの整った食事にすると、見違えるように肌が元気になります。

02 化粧は社会的なマナー

中村先生は、40歳代の女性です。いつも素顔でお化粧をしていません。授業参観であろうと入学式や卒業式のような式典であろうと素顔のままです。子どもに接するから自然のままでいたいという思いがあるようです。化粧も身だしなみの一つです。スーツ姿でありながら化粧をしないというのは、なにか足りないような感じがします。

◉ マイナスポイント

化粧をしないと、顔色が悪く見えたり、寝起きという印象を与えたりします。休日の延長にも見え、だらしないと思われるかもしれません。人によっては、肌の悪さが強調されてしまうこともあるでしょう。先生は、見た目も大事です。学校は、子どもや保護者、同僚、地域の人々など多くの人たちと接する場所です。相手に良い印象を与えることは、関わる人たちと信頼関係を結ぶ第一歩になります。

コラム

化粧品会社が、OL648人を対象に行った調査によると、「ほぼ毎日メークをする」人は78%。理由は「身だしなみとして」(60%)、「きちんとした印象に」(46%)が上位に挙がっている。「メークは社会的なマナーという意識が強いことが読み取れる」としています。先生もマナーとして化粧をしましょう。

「女性の化粧行動・意識に関する実態調査2012メーク編」ポーラ文化研究所2012.9

◉ アドバイス

素顔のままで子どもに接するのは、自然な姿でよい感じがします。しかし、それは親子の関係であるのならよいでしょう。素《す》をさらけ出して生活するのが家族だからです。学校は教育現場です。先生は、場に応じた身だしなみを整える必要があります。いつも多くの子どもたちに見られていることを忘れてはいけません。そして、自分はお手本になっていることを常に意識するべきです。

◉ ステップアップ

先生は、子どもにとってあこがれの存在です。子どもは、おしゃれな先生が大好きです。身だしなみとして薄化粧をしましょう。アイラインを薄く付けたり、眉毛を少し描き加えるだけで顔立ちが整います。自分の肌色にあったファンデーションを選ぶと顔色が良く見えます。化粧品売り場の店員さんにアドバイスを受けるのも一つの方法です。

03 身だしなみ

8月、小学校は夏休みです。この間に先生方はさまざまな研修を受けます。教育委員会主催の国語科指導講座が開かれ、各学校から多くの先生方が集まりました。受付にいた指導主事は、一人の男の先生の服装が目に留まりました。なんとTシャツに短パン、足は素足にサンダル履きです。本人も夏休み気分なのでしょうか。指導主事は「研修の場であるのに……」とあきれてしまいました。

◉ マイナスポイント

先生の姿は、常に子どものお手本となります。心理学では、それをモデリングといい、子どもは、モデリングによって学習し、成長するといわれています。先生が、だらしない服装や髪形をしていたらどうでしょう。悪いお手本を学ぶことになります。保護者からの好感度も低くなります。授業や行事に合わせて、身だしなみを整えるのは、マナーです。学校の先生は、つい忙しくて身なりをおろそかにしがちです。

コラム

「襟を正す」ということわざがあります。乱れた服装や姿勢を整えることですが、態度を改めることや気持ちを引き締めるという意味も含まれます。先生は人に教える立場のためか、自ら「襟を正す」ことを忘れがちです。相手を意識した身のこなしを心がけたいものです。

◉ アドバイス

人は、相手をよく知らない場合、外見でどんな人かを判断します。人柄が大切であることは分かっていても、その表れとして外見を見るのです。

先生の身だしなみは、教師の自覚の表れとして判断されるのは、避けられません。自分の担任はどういう人か、外見から子どもはすぐに察知しようとします。特に４月の始業式は、担任への関心が高まります。親にとっても同じです。好感を持たれるように、身だしなみを整えましょう。

◉ ステップアップ

身だしなみの基本は、服装と髪型を整えることです。まずは、清潔さを心がけます。肩にふけが付いていたり、髪の毛がボサボサでは、周りは不快に感じます。

次にＴＰＯ（Time 時間 、Place 場所 、Occasion 場合）に応じた服装にします。体育の時間は、体操着に着替える、給食時間はエプロンを身につけて配膳するなどです。入学式や卒業式など「式」がつく儀式的行事はスーツが適切です。そして、自分に似合う色を選び、おしゃれを楽しむことも大切です。

04 挨拶

ある日のことです。小学校の廊下にある電気設備を業者が修理しています。教頭が業者と打ち合わせをしていると、3年1組の鈴木先生がクラスの子どもたちを連れて通りかかりました。「お疲れさまです」「こんにちは」など、何の挨拶もなく通り過ぎました。先生が挨拶をしないのですから子どもたちがするわけはありません。教頭は恥ずかしくなりました。

◉ マイナスポイント

相手に挨拶をして返ってこないとどうでしょう？　無視されたような気持ちになり、不愉快です。反対に相手から挨拶をされると、とても気持ちが良いものです。学校には、子どもや保護者だけでなく設備業者や行政関係の人たちも出入りします。時には、授業を見学し研修をする先生たちが来校することもあります。挨拶が交わされない学校は、どういう教育がなされているのかと、先生たちの姿勢が問われるでしょう。

コラム

校内での暴力事件、いじめ、自殺など荒れてしまった多くの学校で、まず取り組むのが「あいさつ運動」です。校門に立っての先生と子どもたちとの挨拶が、学校再生のスタートとなります。挨拶はそれほど大切なものです。挨拶のできない先生は、必ず何らかの問題を引き起こす傾向が大きいものです。

◉ アドバイス

「おはようございます」の挨拶を交わすと、気持ち良い朝のスタートを切ることができます。「ありがとう」や「ごめんなさい」の一言があるだけで心がほぐれることがあります。挨拶は、円滑な人間関係を築く上で大切な心の懸け橋となります。挨拶は一方的ではなく、互いに交わされることで気持ちがつながります。「子どもたちは、挨拶ができない」と嘆く前に、先生が自ら挨拶をしましょう。その姿を見て子どもたちは学びます。

◉ ステップアップ

近年、パソコンや携帯電話などが発達し、Ｅメールによる挨拶が多くなってきました。画面上の画一的な文字からは、相手の気持ちの深いところまで読み取るのは困難です。受け手側の感じ方次第になります。直接言葉を交わしてこそ、相手の表情や声の様子によって、心を通わせることができるのではないでしょうか。相手の目を見て挨拶を交わし、温かな人と人との触れ合いを大切にしたいものです。

05 返事

日直になった佐藤先生は、放課後の戸締りを確認するために校舎内を見回りました。3年2組の教室には担任がいたので「日直です。戸締りお願いします」と声をかけました。ところが何の返事もありません。無反応です。聞こえなかったのかと心配になり、再度教室を見に行くと、その担任はちゃんと戸締りをして職員室へ戻ったようです。聞こえているのに返事をしないとは……。

◉ マイナスポイント

返事は、相手の問いかけに対して返すことです。こちらから声をかけて相手が無反応だと伝わっているか不安になったり、不愉快になったりします。「1年○組○○○○さん」「はい」と先生に名前を呼ばれて返事をするという光景は、入学式後どこの学校でも見られます。1年生が担任と初めて学習することは、名前を呼ばれたら「はい」と返事をすることです。先生自身が実践してこそ子どもたちは学びます。

コラム

個人情報保護法が施行されてから、病院や銀行などでは、名前ではなく番号で呼ばれることが多くなりました。仕方がないことですが、番号で呼ばれたら返事をする気になりません。名前を呼ばれて返事をするという人と人との触れ合いが減っていく時代になるのでしょうか。寂しさを感じます。

◉ アドバイス

子どもたちは「先生、先生」とささいなことでも頻繁に先生を呼びます。小さい学年であればなおさらです。先生にとっては、大勢の子どもから何度も呼ばれ、大変です。しかし、子どもにしてみれば、担任はたった一人なのです。どんなに忙しくてもしっかり顔を向けて返事をしましょう。すぐに対応できないときは、「ちょっとまってね」と伝えます。子どもは、自分にきちんと言葉を返してくれたことで安心します。

◉ ステップアップ

担任は、保護者から問い合わせを受けることがよくあります。連絡帳に書いてきたり、電話で問い合わせがきたりします。その際、担任にとっては、重要な用件ではなくても、きちんと返事をしましょう。連絡帳に書く時間がないときは、「お電話でお伝えします」と一筆書いて返事をします。無反応は、最も不信を招きます。誠実に言葉を返すことで、親は、自分の子どもを大切にしてくれていると安心し、信頼を寄せてくれることでしょう。

06 お辞儀をする

授業参観には大勢の保護者が来校します。校長先生は、各クラスでどんな授業が行われているかを見回りました。授業が終わり、廊下にいる保護者に会釈をしながら職員室に戻ろうとすると、4年3組の山本先生とすれ違いました。山本先生は、周りの保護者と目を合わそうとせず、さっさと足早に通り過ぎて行きました。会釈ぐらいすれば感じが良いのにと校長先生は残念に思いました。

◉ マイナスポイント

先生が挨拶をしないと相手は、「先生のくせに」と不愉快になります。一般の人たちよりも厳しく思われがちです。それは、教育者であるからです。常に子どもの手本になっていることを忘れてはいけません。学校には、保護者を始め、地域の人々、業者、学校関係者など多くの人が来校します。廊下で出会うことも多くあります。その際、相手のことをよく知らなくても、会釈をすればとても感じが良いものです。

コラム

旅客機客室乗務員は、「同時に複数のことを行う」のは非常に失礼な行為と教わるそうです。先に「おはようございます」と声を発した後にスッと頭を下げるのが、正しいお辞儀とされています。これを「先言後礼」というそうです。「先言後礼」の美しいお辞儀ができる先生は素敵です。

美月あきこ, CA-STYLE『「上質な基本」を身につける！ビジネスマナーの教科書』TAC出版事業部、2012

◉ アドバイス

お辞儀は、礼儀作法として受け継がれてきた日本の文化です。相手に対し敬意を払うと同時に、思いやる心を表します。「こんにちは」「ありがとう」「ごめんなさい」という気持ちが伝わるお辞儀は、相手の心を温かく満たすことでしょう。そして、お辞儀をする先生の姿は、子どもにとって美しい所作《しょさ》として、受け継がれることにもなります。

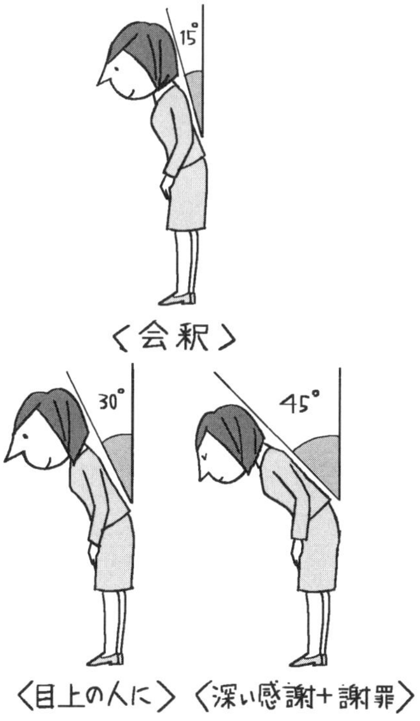

◉ ステップアップ

礼法などでは、会釈の角度は、15度くらい、目上の人には、30度くらいのお辞儀が良いとしています。きちんと立ち止まり、相手の目を見て、挨拶の言葉を言い、お辞儀をします。笑顔でいることも心がけます。深い感謝や謝罪などは、45度を目安に丁寧にお辞儀をしましょう。いずれにしても、時と場に応じ、心をこめてお辞儀をすることが大切です。真心が伝わることでしょう。

07 言葉遣い

小林先生は、子どもたちと「ほんとマジ？」「それ超いいじゃない！」「この問題できなきゃマジやばいよ！」などと話しています。保護者との電話でも「彼は、マジ頑張っているので心配ありませんよ」と明るく楽しそうに話しています。小林先生は、フレンドリーに会話することで良好なコミュニケーションが図れると、少々勘違いしているのではないでしょうか？

◉ マイナスポイント

言葉遣いは、教育者としての品位を表します。人間関係にはいろいろな面で、それなりのルールがあり、話し方や言葉遣いも、全く同じことです。ただ、楽しく言葉を発すれば事足りるというものではなく、それぞれのルールに従った正しい言葉遣いや話し方にならないと、正常な社会生活を送ることは不可能です。特に保護者と話す場合には、言葉遣いに十分気をつけないと、思わぬ面倒な問題を引き起こしてしまうことになります。わきまえぬ一言で信頼関係が壊れてしまい、職場での評価を落としてしまうことにもなりかねません。

コラム

親しいことにより遠慮がなくなっていき、立場をわきまえず乱暴な言葉遣いになりがちです。それが、不和の元にもなります。仲の良い関係でも、度が過ぎて礼を欠くようなことがあってはいけません。どんなに親密な間柄であっても、守るべき礼儀があります。

◉ アドバイス

　子どもたちにとって、教師の一言がその後の人生の支えとなることもあれば、逆に心に一生残る傷をつけてしまうこともあります。教師は、子どもたちを健全に育てるプロの教育者ですから、どのような状況に置かれたとしても、子どもの心を傷つけるような言葉遣いは控えましょう。話す言葉によって子どもに希望と勇気を持たせ、やる気を起こさせることができるコミュニケーション技術の向上が必要とされます。また、俗語や流行語は避けましょう。新聞を読んだり、マナーの専門書を読んだり、テレビのニュース番組を視聴してみましょう。

◉ ステップアップ

「〜じゃん」「マジで〜」などという言葉は、親しさの表現であり、コミュニケーションを図るテクニックのようですが、決してそうではありません。教師の立場をわきまえて、児童には、「〜です」「〜ます」「〜ですか？」などと模範となる正しい言葉遣いが望まれます。また、保護者や職場の先輩などには、正しい敬語を使いましょう。教師の教養と品のある言葉遣いで，子どもたちの言語環境を整えたいものです。

08 敬語を使う

運動会の準備をしていたときのことです。若い体育主任の高橋先生がテント張りをしていて、「もっと引っ張って」「持ち上げるよ」「ひもでしっかり止めてね」「上出来」などと先輩の先生に指図をしていました。それを聞いていた教頭先生が「あなたより先輩の先生方に、きちんと敬語を使いなさい。体育主任だからこそ、言葉遣いには注意しなさい」と苦言を呈されました。

◉ マイナスポイント

敬語には、さまざまなルールがあります。これらが正しく生かされなければ、人間関係に大きな障害をも来すことになります。また、その人の社会的な品位が問われることになりかねません。社会人としての常識があるか、ないかということを測る尺度になります。ですから、自分の立場をわきまえずに敬語のルールに従わない話し方は、聞き手の気持ちに不快感を与えてしまい、円滑な人間関係を築くことができません。

コラム

「そこでお待ちくださいね」「口をあけてくださいね」「お会計は1,500円になりますね」と、途中まではよろしいのですが、最後に「ね」がついてしまう。病院や事務所、学校などでも耳にすることが多いこの言葉。丁寧に言っているつもりでしょうが、相手を馬鹿にした言葉遣いにもなりかねません。要注意です。

◉ アドバイス

敬語が適切に使われることによって、相手とのいろいろな感情の差が埋まり、聞き手との対話がうまく調和されます。これをベースにして対等の話し合いが可能になり、コミュニケーションが図られます。良好な人間関係を構築していくことは、職場では最も重要です。敬語を適切に使いこなせるように小型の辞書を参考にすることをお勧めします。辞書を常に身近に置き活用しましょう。また、アナウンサーのインタビュー番組などを見て参考にするのもよいでしょう。

◉ ステップアップ

敬語には尊敬語、謙譲語、丁寧語の三種類があります。尊敬語は、相手を敬って使う言葉です。相手の動作や状態を高めて表現する「れる」「られる」「なさる」などをつけます。謙譲語は、自分をへりくだって言うときに使う言葉で、間接的に相手を敬う「お～する」「ご～する」などをつけます。丁寧語は、表現を丁寧にして使う言葉です。語尾に「ございます」「です」「ます」をつけます。これら正しい敬語の使い方をマスターしましょう。「ばか丁寧」は、かえって失礼になります。

＜例＞

基本	尊敬語	謙譲語	丁寧語
いる	いらっしゃる・おいでになる	おる	います
聞く	お聞きになる	伺う・承る・拝聴する	聞きます
見る	ご覧になる	拝見する	見ます

09 礼儀

今朝は、挨拶運動日です。先生方と一緒に保護者の方々も協力して下さっています。校長先生は、「みんな元気でいい挨拶ですね！」などと子どもたちを褒めながら、保護者の方々にも「朝早くからお疲れさまです」などと声をかけていました。そこへ若い中村先生がジャージ姿で、しかもだいぶん遅れて来て、校長先生や保護者の方々に「ご苦労様です」の一言だけでした。

◉ マイナスポイント

室内や車内における席次や席順には、目上の人や年長者に対する敬意、または来客に対するおもてなしの心を表します。うっかり先に上座に座ってしまうと気まずい思いをしてしまいます。また、さまざまな立場の方と同席する場合に、状況をわきまえず、ジャージなどの服装で出席し、さらに遅刻するなどとは、非常識、礼儀知らずと言われて品位を疑われます。

コラム

会議の案内状を送りましたが、期日までに返事がありませんでした。旅行の写真を送りましたが、礼状もＥメールでの挨拶もありません。必要な資料を送ってほしいということなので速達で送りましたが、何日経っても着いたのかどうなのか、連絡がありません。これこそ「礼儀知らず」ですね。

◉ アドバイス

礼儀は、人間関係や社会生活の秩序を維持するために人が守るべき作法です。それには、対人関係での気配りや敬意、慎しみの気持ちが伴わなければいけません。身支度を整えて敬語を使っていればよいと言うものではありません。社会人として常識を踏まえ、思いやりがあり、礼儀正しい人は、内面から醸し出される品格があります。同じ職場などの素敵な先輩を見習いましょう。

◉ ステップアップ

「おはようございます」をはじめ、児童・同僚・保護者の方などに親しみのある清々《すがすが》しい挨拶ができるようにしましょう。服装は教育の場にふさわしく機能的で清潔感があり、TPOに合ったものが大切です。教師として好ましい行動、適切な言葉遣い、時間の厳守など基本的なマナーを守りましょう。礼儀正しさは、相手を大切にする表現でもあります。常に自分磨きに心がけて、先生として児童の指導者として模範を示すことが大切です。

10 時間を守る

ある日の会議でのことです。常に会議に遅れがちな新任の阿部先生が、5分たっても会議室に現れません。学年の先生方が心配しているところにドアが開き「○○君のことで大変で……」と言い訳をしながら謝りもせず席に着きました。司会者が同じ学年の先生方の雰囲気を見かねて「○○先生は、遅れるときには、事前に連絡してください」と注意しました。

◉ マイナスポイント

学校では、授業をはじめさまざまな行事など多忙な中で、多くの会議が開かれます。無断で会議に遅刻すると他の先生に心配をかけ、会議も遅延して迷惑をかけてしまいます。会議では賛否を問うこと、確認したいこと、周知徹底したいことなど、全員がそろっていないと困ることばかりです。待たせるということは、多くの先生方の時間を奪っていることになるのです。職場での信頼が揺らぎ、社会人としての人格が疑われてしまいます。

コラム

「1日の遅れは10日の遅れ」ということわざがあります。

たった1日のことだから、というように考えていると、その1日の遅れが最後には10日分もの遅れになってしまうということです。組織で動いている場合は、一人の遅れは組織全体の遅れになってしまいます。

◉ アドバイス

良い人間関係のために「時間厳守」は、基本です。時間を守る人は、周囲から信頼が得られます。集合時間にゆとりを持って早めに時間設定をしましょう。万が一、生徒指導などで会議に遅れる場合には、事前に連絡をしておくことが重要です。立場によっては、早めに持ち場に着く必要があります。

◉ ステップアップ

行事等で早めに集合時間が設定されている場合には、自分の時間設定を30分前にすると安心です。「備えあれば憂いなし」。例えば、児童に関する緊急事態が生じたときに、焦らずに対応できます。教育の場として「時を守り、場を清め」などとよく言われますが、「時間厳守」については、教師が時間的ゆとりを持ち、児童を指導することが学級経営を良好に保つためにも重要です。常に早目を心がけましょう。

11 スマートフォン

新任教員の林先生は「すぐに疑問が解決できるので」と、マナーモードにして常にスマートフォンを持ち歩いています。初任者研修の研究授業のまとめの部分にさしかかり、「それでは、林さん発表してください」「はい、わたし……」と言い始めたそのときです「リンリン、リンリン」とスマートフォンの音が鳴り響き、林先生は真っ赤になり授業は台無しです。

◉ マイナスポイント

スマートフォンの便利さは、言うまでもありません。その便利さが時として生活リズムを崩してしまいます。常に触っていないと不安で落ち着かないといった「依存症」に陥っている人も多くなっています。さらに大事な席で鳴り響き、周囲の人に迷惑をかけている場面にもしばしば遭遇します。

コラム

スマートフォンは便利な一方、犯罪やいじめなどのトラブルに遭うこともあります。子どもたちを守るためには、学校・家庭や地域社会が一体となり、子どもたちを見守るための体制づくりを行っていく必要があります。

◉ アドバイス

基本的に勤務中は携帯せずに、休憩時間にチェックする程度にするとよいです。

常に携帯していると、マナーモードへの切り替えを忘れ、授業中や会議中に突然鳴り響き、大変なことになります。使い方を間違えると他人に迷惑をかけるだけではなく、教師としての常識を疑われてしまいます。使い方のマナーを守りましょう。

◉ ステップアップ

スマートフォンは、ルールを守り他人に迷惑をかけないことが重要です。

自動車運転中の使用は、法律で禁止されています（罰則あり）。路線バスや電車などの優先席付近、病院、航空機、映画館、劇場などでは使用が制限されています。この他にも食事中や歩行中、深夜には使用しないなど、自分なりに意識して活用しましょう。

12 生活技術能力

初めて高学年を担任することになった福山先生ですが、どうも浮かない表情です。話を聞くと、「家庭科の授業に自信がない」というのです。普段の生活では、部屋の掃除・洗濯・食事の支度から片付けまで、全て親に任せっきりだそうです。勉強や仕事を理由に、お手伝いもした経験がありません。教科書通りに授業をしても、子どもに見本を見せたり、教えたりすることができるかどうか心配なのです。

◉ マイナスポイント

生活技術は、家庭科の教科書に出ている内容だけではありません。日常生活の中で身に付けた技術が基本になるのです。調理の前の身支度でエプロンのひもを後ろで結ぶことや、三角巾を結ぶことも、子どもたちには難しい技術になっています。食事前にテーブルを拭く動作も、教えなければ隅々まできれいに拭くことができません。子どもたちも経験不足で分からないのです。当たり前にできると思っていることに時間がかかるときがよくあります。

コラム

2005年に体の前と後ろで、それぞれ「花結び」「かた結び」など４種類の実技調査を行いました。1986年に同じように行った調査では、後ろで「花結び」を結べるのは、６年生で70%を超えていました。しかし、2005年は15%にも満たない結果でした。また、小学生全体で一番成績がよかったのは、体の前での「花結び」13%でした。　子どもの生活科学研究会編『子どもの生活技術シリーズ』コレール社

◉ アドバイス

生活技術能力を身に付けるためには、自分で体験してみることです。身近なことから、調理・片付け・掃除・洗濯等、やり方を確認してやってみましょう。生活技術は、くりかえし体験することでコツをつかみ、効率的で丁寧な作業になっていきます。失敗から学ぶこともあり、子どもたちに体験談を話したり、「上手にするコツ」として教えることもできます。また、自分が体験したことで、指導書の内容をより理解して教えることができます。

◉ ステップアップ

自分の身の回りのことを自分でできるようになることは、社会人としての自立につながります。今は生活も便利になっていますが、手間をかけて体験したことは教科書や指導書から得ることのできない財産になります。身に付けた生活技術能力は、自信を持って指導することができます。また、物事には段取りが必要です。生活技術能力がアップすると段取りも良くなります。子どもたちがどこでつまずくかの予測も考えられます。

13 雑巾を絞る

子どもたちの掃除の様子を見回りしていた校長先生が、階段を下りようとしたそのとき、滑って階段を踏み外しそうになりました。手すりにしがみつき、転ばずにすみました。しかし、床をよく見ると水で濡れています。さっきまで、高木先生と子どもたちが雑巾で拭き掃除をしていた場所です。雑巾を干している高木先生のところに行くと、雑巾掛けに掛けられた雑巾から、水がポタポタと床に落ちていました。

◉ マイナスポイント

学校生活の中で雑巾はよく使われます。机やロッカー、床や窓などを拭いたり、こぼしたものを拭いたりして使われます。しかし、その雑巾がしっかり絞られず、ビショビショだったらどうでしょう。きれいになるどころか、置いた物が濡れたり、紙は貼りついたり破れたりします。足を滑らせてケガをしたり、乾いた後にシミができたりもします。絞っているはずなのにこんなことが起こるのは、絞り方が悪いのです。

コラム

2005年の調査で、「雑巾や布巾を使いますか？」のアンケートに「よくやる」「時々やる」と答えた小学生は90%を超えていました。しかし、実技調査で正しく絞ることができたのは、全体の約１割でした。また「タオルを左右にして順手でねじって絞る」が小学生全体の７割を占めていました。あまりの多さに、それが正しいように勘違いされてしまいそうです。子どもの生活科学研究会編『子どもの生活技術シリーズ』コレール社

◉ アドバイス

絞れていれば、どのように絞ってもよいように思われますが、雑巾は竹刀《しない》を握るように縦に絞ります。縦に絞るのは、脇を締めてしっかり絞り切るためです。鉄棒をつかむように横に絞る子どもが多く見られますが、これでは最後まで絞り切ることができません。雑巾の絞り方の動作は、一度雑巾をしごいて水を切ります。そして、手の大きさに合わせて半分に折り、縦に内側に絞りこむようにギュッと絞ります。

◉ ステップアップ

雑巾を使った後は水洗いをして、汚れを落としてから絞ります。水道水を流しっぱなしで洗うのではなく、バケツに水をためて洗います。そのほうが汚れも落ちて節水にもなります。先人の知恵です。床にバケツを置いて腰を下ろし、雑巾を縦に絞ればバケツの周りを濡らさずに作業できます。また、きれいに洗って絞った雑巾は、広げて雑巾掛けで干します。他の雑巾と重ならないようにします。よく乾かしておけば、臭くなりません。

14 掃除をする

新任の田中先生は、いつものように「机を下げて、ほうきで掃いてください」と掃除を始めました。机を並べ終え、反省会では「みんな掃除をさぼらないで、良かったと思います」と、子どもたちと全員そろって掃除を終えました。子どもが帰った後、床にゴミは落ちているし、机はきれいに並んでいません。カーテンも半分開いています。確かに、掃除当番の子どもたちと掃除したはずなのに、よく見ると教室はあまりきれいになっていません。

◉ マイナスポイント

掃除はきれいにすることが目的です。掃除をしたのにきれいになっていないのはなぜでしょう。子どもたちは「掃除をした」といいます。ほうきを左右に振って掃除らしき行為を行い、きれいにしようと思って床を掃いていないのです。そして、ほうきを正しく使えていません。子どもたちは家庭でほうきを使う経験がほとんどありません。最初にほうきの使い方、掃除の仕方を教えなければ、なぜ掃除をするのか、どのようにするのか分からないのです。

コラム

2005年の調査では、ほうきを使った経験は90%を超えているのに、使いこなしているのは40%を下回っていました。経験があるからといって、できるのが当り前ではありません。掃除用具の片づけ方を写真に撮り、用具入れのドアに貼って誰にでも分かりやすくしたり、学校で掃除の仕方を決めたり、６年間通して指導していきましょう。子どもの生活科学研究会編『子どもの生活技術シリーズ』コレール社

◉ アドバイス

掃除は、①片づけ、②ほうきで掃く、掃除機をかける、③雑巾、モップ等で拭く、の３つの動作を行います。教室の掃除は、①片づけるときは、机を持ち上げて運び、②ほうきで掃くときは、ごみを集める場所を決めます。テープで囲った中に集めるようにしてみましょう。教室の端から静かにほうきで掃いてごみを集めます。ほうきの掃き方は、子どもを先生の後ろに一列に並べ、後について掃き方の見本を見せながら教えるとよいでしょう。

◉ ステップアップ

ほうきの使い方に慣れてきたら、それぞれ四隅から掃いて、ごみを集めるようにすると効率的です。チリトリでごみを取るときも、少し角度を付けたり、溝を利用するときれいに取れます。雑巾掛けをするときは、一人ずつ順番に拭いていくとぶつかりません。拭き残しがないように、前にいた人の後に雑巾を置いて、隙間を空けないで拭いていきましょう。チェック表を用意し、最後に子どもたちと一緒に点検をすると、掃除に対する意識も高められるでしょう。

15 鉛筆を正しく持って使える

新任の渡辺先生はとても熱心に子どものノートを採点し、コメントを書き込んでいます。コメントの内容は良いのですが、文字が子どものものか、先生のものか分からないほどです。よく見ると鉛筆の持ち方がメチャクチャです。子どものモデルとなる先生がこれでは困ります。書写の授業で、鉛筆の持ち方や姿勢についての指導もあります。そのときだけ指導しても、日常がこれでは示しがつきません。

◉ マイナスポイント

教室で子どもたちが鉛筆を持って書く様子を見ると、個性的な持ち方をしている子が多くいます。正しい鉛筆の持ち方をしている子は、ほとんど見られません。しかし、絵や文字、数字を書いているので、何も問題がないように見えます。周りの大人は、子どもたちが絵や文字を書いたことに注目しますが、鉛筆の持ち方を教えて、正しく持って使えていることを褒めることはあまりしません。持ち方が悪いと余計な力が入り、肩こりや、疲れの原因にもつながります。

コラム

小学校で文字を書くのは当たり前のことです。文字を書く道具、鉛筆を正しく持つ指導は小学校学習指導要領にも示されています。しかし、調査では、正しく持っていたのは全体の約３％でした。一見正しく見える持ち方をしていた子どもたちも10％ほどでした。今や、十人十色の独自の持ち方をしている子どもたちがほとんどといえます。　子どもの生活科学研究会編『子どもの生活技術シリーズ』コレール社

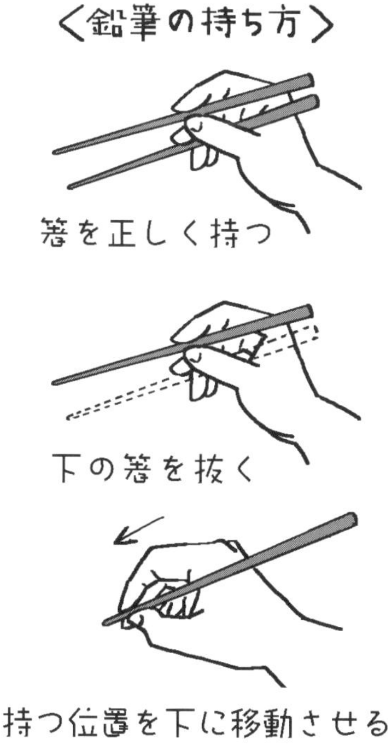
＜鉛筆の持ち方＞
箸を正しく持つ
下の箸を抜く
持つ位置を下に移動させる

◉ アドバイス

鉛筆の持ち方と、箸の持ち方は大きく関わっています。箸の持ち方は次頁の「箸を正しく持って使える」の項目を参考にしてください。

箸を正しく持って、下の箸を一本抜き取ります。そのまま持つ位置を下に移動して持った形が、鉛筆の正しい持ち方になります。書くときは人さし指に力を入れすぎないようにします。力を入れないと書けない場合は、鉛筆の濃さ（芯の硬さ）が合っていないのかもしれません。

＜書くときの正しい姿勢＞

◉ ステップアップ

書くときの正しい姿勢は、机と胸の間に拳１つ入るぐらいの間隔を取ります。頭をやや前方に傾けますが、腰を伸ばし、背骨を曲げないようにします。上体は片肘をいからせないで、楽な姿勢にします。右利きの場合、左腕の肘は机につかないようにします。そして、右胸の前で文字を書くようにします。長年の間に身につけてしまった鉛筆の持ち方を、正しく直すには時間がかかり、簡単なことではありません。まずは、自分で直そうという意思を持つことが大切です。

16 箸を正しく持って使える

今日の給食のメニューはうどんです。ゆきさんのところに汁が跳んできました。前で食べている小川先生の箸から、うどんがすべり落ちて汁が跳ねたのです。見ると先生は箸を正しく使えず、うどんを上手につかめません。「ごめん、ごめん」と言いながらどんぶりの縁に口をつけ、犬食いを始めました。口いっぱいにうどんをかきこみ、顔を上げた小川先生に、ゆきさんはびっくりしてしまいました。

◉ マイナスポイント

2013年、ユネスコ無形文化遺産に日本食が登録されました。日本食が、文化として世界に認められました。日本食の美しさは、季節を食材や器で表現し、その調理法・技術も評価されています。そこには、箸遣いの美しさも含まれています。しかし、大人でも箸を正しく持って使っている人が少なくなってきています。日本食の素晴らしさを伝えるとともに、私たちは箸を使う文化も子どもたちに正しく教えていかなければなりません。

コラム

2005年の調査では「箸の正しい持ち方」ができていたのは4.9%でした。一見正しそうに見えたものを合わせても、20%には届きませんでした。40人学級だと、教室で正しく持って使えている子どもは２人いるかどうかなのです。鉛筆同様、箸も独自の持ち方が大半を占め、どの持ち方が正しいのかモデルを見つけることさえ困難になっています。　子どもの生活科学研究会編『子どもの生活技術シリーズ』コレール社

箸の持ち方

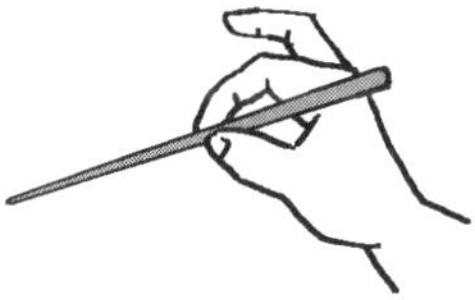

1-人さし指と親指で挟む

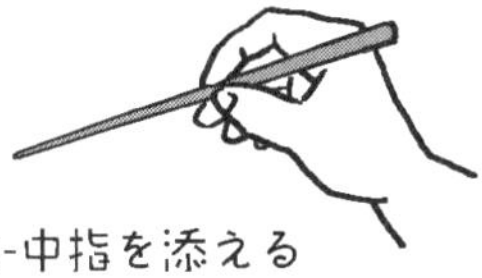

2-中指を添える

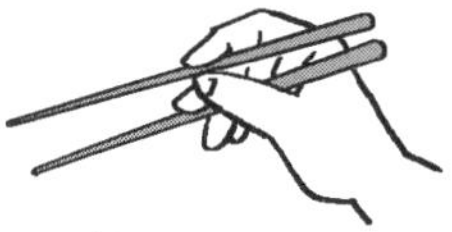

3-下の箸を差し込んで、
薬指を添える

◉ アドバイス

箸の持ち方は、親指と人さし指の指先を合わせて「OK」を作ります。その親指と人さし指で箸を一本挟みます。その箸に中指の爪の付け根横あたりに添えます。このとき、人さし指の付け根にも箸が当たっています。親指と人さし指の輪の中に、下の箸を入れ、薬指の第一関節あたりを添えます。小指は薬指に添えます。箸を使うときは、人さし指と中指を動かし、親指は箸に添えたまま、上の箸だけを上下に動かします。箸の先だけがそろいます。

箸の使い方

上の箸を動かして箸先を
合わせる

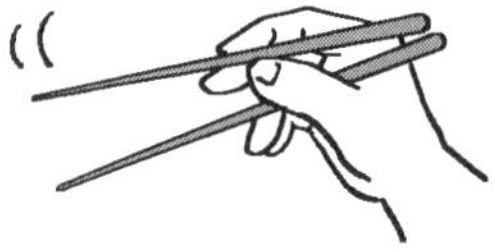

上の箸だけを動かして
開く

◉ ステップアップ

箸を正しく持つとともに、その使い方も美しくしたいものです。ご飯茶碗を左、汁物椀を右に配膳し、食べるときはご飯茶碗や、汁物椀は手に持って食べます。箸を正しく持って使えるようになるまで、思うように食事が進まなくてイライラすることもありますが、毎日続けることで直すことができます。そうした経験は、子どもたちに教えるときにも役立ちます。また、直していることを子どもたちに伝えて取り組むと、子どもたちにとっても良い見本になります。

17 世の中の出来事に関心を持つ

社会の授業中、子どもたちが「昨日のニュースで、日本も戦争に参加するって言ってたよ」「違うよ、国を守るんだよ」「アメリカの味方をするんでしょう？」と話し始めました。でも、大野先生は「勝手にしゃべらないで！」と注意して、授業を進めました。実は、大野先生はニュースに関心がなく、子どもたちが何を話しているのかよく分からなかったのです。授業の内容を、子どもたちの関心事と絡めていくことはとても大切なことです。

◉ マイナスポイント

子どもたちの、社会的事象との関わりを深めながら、社会への興味・関心を高め、幅広い見方や考え方を育てるために、社会的事象を身近に感じられるようにすることは大切なことです。その役目を教師は担っています。

世の中の出来事に関心を持つことなく、知らなければ子どもの生きる力を育むチャンスを逃してしまいます。子どもの興味・関心を高める教育活動を展開するためにも、社会の流れ・動静を把握しておくことは必要です。

コラム

「あなたは、世の中のことやニュースについて興味がありますか？」と、社会的関心について小学4～6年生にアンケート調査（第一生命経済研究所2007年）を行いました。この設問に対し、全体の7割以上が「興味がある」と回答しています。子どもの社会的事象への関心が、全体的に高いことが分かります。

◉ アドバイス

ラジオやテレビのニュース番組を視聴したり、スマートフォンやタブレット端末を活用したりするとよいでしょう。しかし、「情報量」や「分析の深さ」では断然、新聞が勝っています。新聞を読む習慣がないときは、いつでも身近な所に新聞を置いて、読む環境を作りましょう。新聞の1面を見れば、昨日起きた重大なニュースが一目で分かります。長い記事は、見出しと記事の前半を読めばポイントはだいたいつかめます。まずは、世の中の出来事に関心を持ちましょう。

◉ ステップアップ

世の中の出来事に関心を持つことは大切なことです。しかし、一つのニュースが、必ずしも全て正確に現実や事実を伝えているとは限りません。また、受け取る側の知識や経験により受け取り方も違ってきます。複数の新聞を読み比べてみたり、解説記事や専門家の評論を読んでみたり、同僚と話題にしてみるのもよいでしょう。そのニュースを違った視点、客観的な視点で見ることで、ものの見方、考え方の視野も広がっていきます。

18 教育を取り巻く状況を知る

学校を取り巻く社会の状況が急速に変化するなか、学校教育が抱える問題はより複雑・多様化しています。土曜日の学習活動復活への動きや、「道徳」の教科格上げについての論議、「いじめ防止」に関する法律の施行など、たくさんの重要事項が新聞やニュース等で報じられています。小学校教師には最新の教育事情を学ぶ精神がこれまで以上に要求されます。

◉ マイナスポイント

教育を取り巻く状況に関心を持つことは、単に教師としての教養を身につけることが目的ではありません。例えば、スマートフォンの使用をめぐって起きる「いじめ」の問題について、もし教師が無関心でいたならば、適切な児童指導ができないどころか、「いじめ」を放置しかねません。また保護者対応が難しくなってきているなか、教育に関する最新の法律や条令などについて知らないでいると、自らの立場を危うくしかねません。

コラム

学校と地域や保護者との間に若干の価値観にずれがあるということがしばしば取り上げられます。例えば教師が考える理想の教師像と保護者の考えるそれとでは違いがあることです。保護者や地域が学校に何を望んでいるかについても、各種機関が行っている調査等を参考にして、把握しておくことも必要です。

◉ アドバイス

まず学校や子どもをめぐる事故や事件などの報道がないかを、新聞やニュースで日々把握します。交通事故や不審者情報などについては、それが身近で起きている場合は最新の情報を得て、危険な要因が除かれるまで、地域と連携しながら適切な対策を講じます。つぎに、いじめ・不登校等生徒指導上の問題、ICT活用(タブレット端末を利用)、特別支援教育の充実、外国語教育等、教科や教職に関する昨今の動きについて新聞や教育雑誌等で把握します。

◉ ステップアップ

文部科学省のサイトからは、教育制度の改正などについての最新情報を正確に把握することができます。そして書店の教育コーナーにある、学力向上、児童指導関連のものや、小中連携等の最近の教育事情についての動きを、分かりやすく解説している、さまざまな教育情報誌を活用することもできます。さらに詳しく知ることが必要なときは、教育委員会等が企画する各種の研修会に参加して情報を得ることができます。

19 専門書以外の書を読む

学校で設けている「朝の読書活動」の時間、子どもが担任の先生に「何を読んでいるの？」と質問する場面がよく見られます。子どもは、先生が好きなことや興味を持っていることに関心を持ち、親しみを抱くものです。先生が好んで読書する姿勢を通して、「読書は楽しい」「読書でいろんなことを学べる」という感覚を、どの子にも感じてもらいたいものです。

◉ マイナスポイント

教師は、読書の面白さを率先して語らなければいけません。知的好奇心が旺盛な子ども時代に、「本から世界が広がる」楽しさを教える大切な役割が教師にはあるのです。ですから、読書が嫌いな先生に受け持たれた子は不運だと言っても言い過ぎではありません。先生が読書に興味を持っているかそうでないかは、子どもたちにもすぐに分かるものです。読書の時間なのに、他の仕事をしていると、「先生は本を読むのが好きじゃないみたい」と子どもに思われてしまいます。

コラム

朝の読書運動は全国的に行われています。2007年の調査では、朝読書を行なっている学校は全体の９割を超えています。その結果、子どもたちは「本を読むのが好きになった」という、よい結果が出ています。教師が変われば学校も児童も変わります。率先して読書を推進しましょう。

◉ アドバイス

読書の時間、先生も子どもと一緒になって本を読みましょう。そして、その本について積極的に話をしてやることです。子どもはそれぞれに興味や関心事があり、性別や発達によっても変化します。男子は恐竜などの古代生物や昆虫が好き。また星座や宇宙のことについて興味を持つ子もいます。女子は物語の登場人物や歴史上の人物について興味を持ち、自主的に調べ学習する子もいます。先生の話は子どもの知的好奇心を広げるチャンスをつくるのです。

◉ ステップアップ

子どもが抱く知的好奇心に、教師が全くの無関心でいてはいけません。教師が全てのことについて専門家になることはもちろん不可能です。しかし、子どもが関心を持ったことに耳を傾け、さらに子どもの探求意欲を高められるような一言を、投げかけることができたら素晴らしいです。そのためには、教師自身、専門の教育の分野だけではなく、さまざまな分野に目を向け、学んで行こうとする向上心を持たなければいけません。

20 講演会・研修会に自分のお金で参加する

夏休みは研修に充てるよい機会です。教育委員会が企画した研修案内が学校に配られ、無料で受講することができます。教科や分掌に関わる情報収集にはそれらを活用します。ベテランの松本先生は、時間に余裕のある夏休みを利用して毎年自費でさまざまな研修に出かけます。今年の夏は図工の授業に生かそうと、鎌倉彫を習い、教材研究の引き出しをまた一つ増やしました。

◉ マイナスポイント

教室の外廊下の壁面に飾られている図工の作品を見ると、その先生の指導力は一目瞭然です。では、経験の浅い先生とベテランの先生、どちらのクラスの子どもの作品が素晴らしいでしょうか。「それはベテランの先生のクラス！」と言いたいところですが、経験年数はあまり関係がありません。

図工に限らず、音楽の合唱指導や国語の作文指導でも同じことが言えます。いくらベテランだからといって、同じ指導を繰り返していては指導力の向上は望めません。

コラム

子どもは一人として同じ子はいません。目の前にいる子どもの実態に合った指導をするために、指導方法の「引き出し」をたくさん持つ必要があります。しかし、普段は日々の活動に追われ、時間的な余裕などありません。そこで夏休みなどの長期休業を有効に活用して、ぜひ研修に出かけましょう。

◉ アドバイス

教師１年目の先生には、長く教師経験のある指導教官が付き、授業の組み立て方から児童指導、そして保護者対応に至るまで細やかに教えてくれます。しかし2年目以降は自立しなければなりません。そこからは自分自身で研さんあるのみです。さまざまな知識を自ら吸収していく努力をしないでいると、どうなると思いますか？　10年、20年後の自分は、教師１年目の自分から成長していない、「名ばかりベテラン先生」になっていることでしょう。

◉ ステップアップ

「名ばかりベテラン先生」にならないためには、マンネリ化した自分の授業を見直すことが必要です。図工の指導力向上には、例えば本物の美術作品を鑑賞したり、その技法について学んだりすることもよいでしょう。また教育大学付属の研究発表や、先進的な学校の発表を見て刺激を受けるのもよいことです。これらの参加費用は自費になりますが、素晴らしい授業実践を目の当たりにすることで、明日からのエネルギーを補給できること、間違いありません。

21 特技や趣味を持つ

今日も隣の教室から元気で楽しそうな歌声が聞こえてきました。隣のクラスのゆき子先生は、趣味で習っているピアノを生かし、音楽の時間はもちろん、学活やお楽しみ会での伴奏で、子どもたちのやる気モードをいっそう盛り上げます。新任の健人先生はピアノが苦手。ゆき子先生のクラスのように、子どもが生き生きと活動する姿を見たいと思っているのですが……。

◉ マイナスポイント

学校の一日は、学習、生活、遊び、全てが教育活動です。授業の場面では、子どもを叱咤《しった》激励しますし、生活や遊びの場面では、不適切な行為に対して厳しく注意する場面がたくさんあります。もちろん指導上それは必要なことなのですが、だからといって、一日中小言ばかりの先生では、子どもはどう感じるでしょうか。「先生は怒ってばかりでつまらない」という不満がたまり、担任の先生として人間的魅力を失いかねません。

コラム

子どもは年配の教師より、若い教師との方が親和的な関係を築きやすい傾向があるという調査結果があります。また、子どもと一緒に楽しい時間を共有することは、子どもと良好な関係を維持するために大切な関わり方であると考えられています。

◉ アドバイス

学習効果を上げたり、児童指導を効果的に行ったりするには、普段からの子どもとの関係づくりは欠かせません。子どもと良好な関係をつくることができる教師とは、分かりやすく教えることを大切にする先生であり、また子どもの話をよく聞き、相談に乗ることを大切にしている先生です。そして遊びの場面では、先生自身の特技や趣味を生かして、子どもを楽しませる技を持つことが、より子どもとの親和的関係を築ける先生と言えるでしょう。

◉ ステップアップ

例えばスポーツ好きな先生は、休み時間、ボールゲームや鬼ごっこをして子どもと一緒に校庭を走り回るのがよいでしょう。また、何か楽器が得意な先生は、誕生日の子どものために「ハッピーバースデー」を弾いてお祝いしてやったり、パソコンが得意な先生は、撮っておいた画像を編集して、子どもにバースデーカードを作ってやったりすることも。大切なのは長続きさせることです。教師もすすんで趣味や特技を磨き、教育活動に生かしましょう。

22 手紙を書く

「先生、お返事はまだなの？」１年生を担任する山田先生は子どもからお手紙をもらっていたことをすっかり忘れ、手紙を書いてくれた子どもに返事を催促されてしまいました。字を覚えたての１年生は、言葉は少なくても「先生、大好き！」という気持ちをこめ、手紙をよく書いてくれます。先生と子どもの手紙のやり取りは、国語力や手紙のマナーを習得させる絶好の機会です。

◉ マイナスポイント

携帯電話の普及によって、Ｅメールのやり取りは盛んに行われていますが、手紙を書く習慣は本当に減ってしまいました。しかし小学校では、担任から子どもや保護者とのやり取りにＥメールを使うことはありません。手紙のマナーを知らないでいると、大人としての教養を疑われてしまいます。

連絡帳に、本来黒ペンで書くところを、赤ペンで書いた先生が、保護者からキツいお叱りを受けたという話があります。保護者との信頼関係に問題が生じることも起こりかねません。

コラム

国語の学習に、手紙の書き方を学ぶ単元があります。また、日本郵便株式会社では、毎月23日に「ふみの日」として、手紙に親しむための体験イベントなどを開催し、手紙の普及活動を行っています。子どもと一緒に、正しい手紙の書き方を学び、手紙の良さを再認識するのもよいことだと思います。

◉ アドバイス

教師が子どもや保護者に出す手紙、通常「お便り」には、主に2種類あります。定期的に出す「学級通信」は、子どもと保護者向けに学習予定や持ち物、学級の様子などを知らせるものなので、言葉遣いは子どもにも分かりやすい文章にします。通信は印字したものを印刷して渡すことがほとんどです。また個人的なお知らせには、子どもの「連絡帳」に手書きで記します。丁寧な字で書くこと、不適切な表現がないかを確認することが大切です。

◉ ステップアップ

日常生活の中でも手紙を書くことを心がけてみては？　恩師やお世話になった人や友達に年賀状を書く。写真を送ってくれたり、プレゼントをいただいたりした礼状を書く。案内をいただいた要件に対して返事を書く……など手紙を書く機会はいくらでもあります。おおむねＥメールで済ませていることがほとんどだと思いますが、それらを手紙にしてみてはいかがですか？

ちょっと大変かもしれませんがあなたの人生がガラリと変わるきっかけになるかもしれません。

23 教員以外の人と付き合う

月曜日の放課後、若い二人の先生が週末をどう過ごしたかについて話しています。康夫先生は「商社やIT企業で働いている高校時代の友人とボーリングに行ったり、飲み会をして、失敗談で盛り上がった」とか。英子先生はなんと「二日間とも休日出勤して残務処理や教材研究をしていた」とか。二人の全く違った過ごし方、どちらが有意義だと思いますか？

◉ マイナスポイント

教職について間もない先生は、仕事内容に軽重をつけることが難しく、全てのことに一生懸命になり、仕事浸けの毎日に。また、親元を離れて一人暮らしをする先生のなかには、家には話し相手がいないので、遅くまで学校に残り、休日まで出勤してしまう人が少なくありません。

人との交流は必然的に狭くなり、仕事関係の付き合いしかできなくなります。それにより、偏った考え方になったり、常識から外れた行動になったりすることも……。

コラム

教員はストレスの多い職種の仕事に入ります。ストレスから心の病気になり、長期療養を余儀なくされる先生が少なくありません。ONとOFFをうまく切り替え、リフレッシュできる教師になりましょう。仕事をテキパキとこなす先輩から、時間を上手に使うコツを教えてもらうのもよいでしょう。

◉ アドバイス

「教師の常識は社会の非常識」などと言われる昨今、出来れば休日は教員以外の職種の人と交流しましょう。他の人がどんな考え方を持っているかを聞いて、自分の考えと擦り合わせる機会を持つことも大切です。また、違った職種の人が仕事で抱えている苦労話などを、聞かせてもらうことも大事です。頑張っているのは自分だけではないことに気付かされたり、行き詰っていた課題への突破口が、見えてきたりすることもあります。

◉ ステップアップ

地元を離れ一人暮らしをしている先生は、新しい人間関係をつくる機会がほしいです。それにはまず、自分の楽しみを見つけましょう。好きなことは長く続けられるからです。趣味とキャリアアップを兼ねての英会話教室や、運動不足解消にスポーツジムはどうでしょう。趣味を通して気の合う人との出会いがあるものです。

24 プロ意識を持つ

教員２年目の真里先生は、クラスで勉強が一番苦手な健太君にどうしたら理解できるような授業ができるか悩んでいます。子どもの理解度はそれぞれです。その時間中に理解できなくても、何かのきっかけでふと分かることがあります。それは、「みんなが分かる楽しい授業をしたい」という教師ならば当然の目標を掲げて、日々努力できる先生の授業だからこその成果です。

◉ マイナスポイント

子どもが「できる」「分かる」という気持ちを抱くことは学習面だけでなく、子どもの生活態度、ひいては将来にわたって大きな影響を持つこととなります。ただし「できる」「分かる」こと、つまり結果のみに集中してしまうと、その過程にまで目が向かなくなります。子どもの失敗やつまずきが何によるものか原因を探るためにも、過程に注目することが大切となります。

コラム

斎藤喜博（1911-1981）は良い教師の条件をして、「優れたものを吸収し、生かす先生、素直で暖かい心を持っている先生」を挙げています。逆に悪い先生のことは何と言っているでしょうか。興味のある方はぜひご一読ください。

斎藤喜博『授業入門』国土社、2006

◉ アドバイス

子どもが「楽しい」と感じる授業づくりは大切です。「楽しさ」は学力形成面の基礎となるからです。つまり「楽しさ」が存在することは興味、関心という気持ちを湧き立たせるための原動力となるからです。ただし「楽しさ」そのものに個人差があります。一人ひとりの思いをきちんと把握しての授業構成が重要となります。

◉ ステップアップ

プロとは専門職のことです。その道に関して、他の人よりも秀でている能力を持つ人のことです。教師は言うまでもなく「教える」能力にたけた人です。教師として必要なプロ意識はまさに「教える」ことに情熱を捧げられるかどうかに関わってきます。

「教える」とは単純に知識や技術をより多く伝達することではありません。子どもに「教える」こととは何かを念頭に置き、活動したいものです。

25 授業研究会の参加の仕方

公開授業を参観した新任の竹内先生は、その後開催される授業検討会のことを思うと気が重くなります。その理由は、授業の感想や質問等、自分の意見を言わなければならないからです。どんな授業を見ても感心させられますが、意見を求められたとき、どんなことを話したらよいのか見当もつきません。授業はどのような視点を持って参観したらよいのでしょう。

◉ マイナスポイント

そもそも授業とは何でしょうか。授業とは、教師が子どもに授業を実施するにあたり、カリキュラムや指導計画、子どもの背景、指導案、板書計画や教材研究等、さまざまな要素から成り立っています。授業の構成要素が理解できていないため、何のための授業見学なのか、その目的が曖昧となっています。受け身の姿勢ではなく、能動的な姿勢が大切となります。

コラム

大村はま（1906-2005）は授業の魅力が生まれるための大切なこととして、「子ども自身が、何らかの成長をしているという実感を持つこと」を挙げています。子ども自身だけでなく、教師も育ちを実感できるような授業ができるとすてきです。

大村はま『教室に魅力を』国土社、2005

◉ アドバイス

いろいろな先生方がいるなかで、自分の思っていることや方向が間違っていないかと考える方も多いのではないでしょうか。

研究会は単に反省の場ではありません。あらゆる先生方の意見を聞くことにより、自身の教師としての力量が向上していきます。まずは恥ずかしがらずに、自分の思いや意見を出してみましょう。

◉ ステップアップ

公開授業では「傍観者」という立場ではなく、「自分ならばどんな授業展開をするのか」という視点、またその内容は、授業の流れや発問、板書方法といった授業運営、あるいは子どもがどのように授業へ取り組んでいるかなど、多岐にわたります。

自分の興味がある観点を持つことによって、検討会での発言も大きく変わってくるでしょう。また自分自身が良いと思ったところはどこからでもよいので、翌日から取り入れていくことが重要です。

26 教材研究の仕方

昨日、遅くまで授業準備をしていた野口先生の授業を、校長先生が見に行きました。先生は教科書の内容に沿って、一生懸命に授業を進めています。ところが、子どもたちはあくびをしたり、席を立ったり、おしゃべりをしたり集中しません。先生は子どもたちの授業態度を怒っています。でも、校長先生は野口先生が、何を学習させたいのかよく分かりませんでした. それと、学習内容が子どもたちには、少し難しいように感じました。

◉ マイナスポイント

ほぼ全教科をカバーしなければならない小学校の教員は、いろいろと大変です。野口先生の授業は、子どもは何を学ぶかが明確になっていなかったり、内容も難しかったのでしょう、その結果、集中力も欠けてしまった。また席を立つ、私語といった授業運営面においても問題が見られます。

教師として「授業に集中できる環境づくりは何か」を再確認する必要があります。

コラム

『一年一組せんせいあのね』（理論社）で知られる鹿島和夫は教師になって20年目に取り組んだ実践が「あのねちょう」です。20年といえばかなりのベテランです。経験をいくら重ねていても試行錯誤をしながら子どもと共に成長できるのが教師という仕事の魅力かもしれません。

◉ アドバイス

国語の教材であれば、それをよく読み込むこと、理科であればやってみること、図工であれば作ってみること、つまり教材そのものをよく知ることです。それが教材研究ですが、それ以前に大切なことは、その教材を通して「子どもたちにどんな力をつけるか」という、学習のねらいをしっかり押さえておくことです。教材を教えるのではなく、教材を通してねらいに迫ることです。ですから、ねらいを絞り、目標を明確にし、教材を生かし、子どもが分かりやすく学べるようにすることです。

◉ ステップアップ

教科書の内容に沿った副教材、プリントなど市販のものが出されています。教材研究は教科書や指導書の確認だけにとどまりません。身近な事象全てが教材といってもよいでしょう。教師自身があらゆることに興味を持つことで、授業そのものは充実していきます。また自分自身の授業のスタイルを教師自身が反省して、思い切って変えてみることも重要です。

27 教員公務員としての自覚

研究授業の発表会があり、その慰労会で市内の会場に行ったときの話です。宴もたけなわとなり、ベテラン教諭が「あの発問が良かったね」と授業に関する話が盛り上がりました。そして、つい子どもたちの名前や家庭環境の話までに話題が及び、教育論に熱が入ってしまいました。ところが、ふすま１枚隔てた隣の部屋でPTA役員の保護者を発見してびっくりです。

◉ マイナスポイント

公立私立問わず、教師には「守秘義務」が課せられています。どのような場であっても職場での出来事を口外することは厳に慎まなければなりません。特に直接、教師から発せられる児童に関することは誤解を与えがちとなります。どのようなささいなことであっても、発言しないという意識を持つことが肝心です。

コラム

千葉県教育委員会は「不祥事ゼロ」を目指し、「４万人の教職員のみなさんへ」として、以下のことを自問することを求めています。①自らの行動を家族に胸を張って話せるか、②見つからなければ大丈夫と思っていないか、③第三者として新聞等で見たらどう思うか。

◉ アドバイス

慰労会等、酒席ではついつい気が緩みがちとなり、勢い行動も声量も大きくなってしまうものです。市内という身近な場所では、誰が何を見聞きしているか分かりません。知人ではないかもしれませんが、学校関係者ということもあります。気が緩む場面ではどうしても職場のことは出やすくなるものです。職場での話は職場で済ませることがトラブル防止となります。

◉ ステップアップ

校内での出来事は校内で解決するという意識を、教職員全員で共有することが重要です。個別的な情報については全員で共有すべき事項と、関係者のみで共有するという線引きを行う必要があります。特に校長、教頭、学年主任などと緊密な「ほう・れん・そう」が持たれることが重要となります。(86頁参照)

3 ◉ 専門性

28 教師としての自覚

放課後の職員室で、後藤先生が「静かにして！」と大きな声を上げました。若手の先生たちが、まるで大学生のようにはしゃいでいます。子どもたちを下の名前で呼び捨てにし、今日の様子を大きな声で話していたのです。注意を受けて、若手の先生たちは「子どもの情報交換をしていただけなのに」と不満そうです。子どもたちはそんな先生たちの姿をよく見ています。先生に対して、友達のように話し、名前を呼び捨てにして先生を呼んでいます。それを先生も良いと思っているようです。

◉ マイナスポイント

児童の年齢に近いのが若手の先生です。児童と同様、元気いっぱいで、ときにはテンションが高くなってしまうのは仕方のないことかもしれません。ただし職員室は教室ではありません。特別に話したいことがあれば、場所を変えるなどの気配りが必要となります。TPOという言葉があります。TPOをわきまえての行動や言動が、教師には強く要求されます。

コラム

英語で「佐藤先生」を表現するには？　男性ならばMr.Sato、女性ならばMs.Satoとなります。Mr.やMs.のあとは必ず名字で、ファーストネーム（太郎や花子）ではありません。欧米はフレンドリーと思われがちですが、意外にも相手に失礼のないような配慮がなされています。

◉ アドバイス

「教師は児童のよきモデル」「子どもの鏡としての教師」という言葉を聞きます。教師にはよき大人として、児童の前で立ち居振る舞うことが求められています。その点をきちんと自覚することが重要です。「親しき仲にも礼儀あり」とのことわざもあります。

また、橋本左内（1834-1859、福井藩士）は、緒方洪庵の「適塾」で蘭学、蘭方医学などを学び、「稚心《ちしん》を去れ」（甘えを捨てなさい）（『啓発録《けいはつろく》』）と言っています。

自分自身の言動、行動を見つめ直すことも大切です。

◉ ステップアップ

職員室とはどのような場所かを確認してみましょう。

職員室は教師の執務室であり、教師集団が利用する公共スペースです。ですから職員室に落ち着いた雰囲気がないと、教師自身、浮き足立ってしまい、地に足をつけて仕事に取り組めなくなってしまいます。職員室は落ち着く雰囲気づくりが重要となります。

29 危機管理意識

大門先生は、いつも素敵な服をおしゃれに着こなしています。上履きも服装に合わせたサンダル履きです。学校はどんなときも子どもを安全に守らなければならない義務があります。災害が起きたとき、あるいは不審者が乱入したとき、担任は即座に子どもを安全な場所に誘導しなければなりません。果たして大門先生は、そのサンダル履きで機敏に動き回ることができるのでしょうか。

◉ マイナスポイント

学校では個人のファッションは優先されません。学校というTPOを考え、機能的な服装が求められます。機能性を追求して、毎日ジャージという先生もいらっしゃいますが、別の意味で考えさせられてしまいます。子ども用の上履きを使うことに抵抗がある先生もいるようですが、近年では教師用の上靴が出されていますので、気に入ったものを利用する方法もあります。

コラム

危機管理には２種類の意味があります。一つは危機がなるべく起こらないように対処する活動（リスクマネジメント）、もう一つは実際に危機的状況が発生した後の活動（クライシスマネジメント）です。マニュアルも大切ですが、危機時に臨機応変の対応が教師には強く求められます。

◉ アドバイス

大半の小学校では子どもはスリッパではなく、上靴を履いています。その理由は安全面を配慮とするという点につきます。地震や火事などの災害時はそのまま避難しなければなりません。スリッパであってはすぐに対応できないからです。「決められているから」と短絡的に考えるのではなく、その背景や理由を考えたいものです。

◉ ステップアップ

学校は安全な所で、子どもたちは守られていなければなりません。その守る人は教師です。遊具で危険な所はないか、釘やフックがむき出しになっていないか、カッターナイフの使い方は大丈夫か、不審者はいないかどうか、地震がきたらどうするかなどの意識を、教師は常に持っていなければなりません。

管理職や主任の先生が持っていればよいというものではなく、全ての先生に求められることです。学校を離れた校外学習ではなおさらです。日頃から心がけることが肝心です。

30 公私のけじめ

教材研究の会議を終えて、ワークシート作成担当の中村先生は、学校の印刷用紙とインクを持ち帰り自宅で作成して、翌日学年主任に渡しました。「あら、すごい！　速いわね、ありがとう」と受けとった後に「仕事が速いのは良いけれど、学校の物品やデータの持ち帰りは考えものね」と注意されました。中村先生は「忙しい中頑張ったのに……」とがっかりです。

◉　マイナスポイント

学校の備品は学校に所有権があります。教師は教師としての業務に必要な範囲で使用を許可されているにすぎません。仕事上必要であったとはいえ、自宅に持ち帰ってしまうことで、けじめがないといった誤解も生じます。なお学校が所有するコピー用紙や図書類を自分の所有物とした場合、業務上横領、あるいは窃盗罪に問われることになります。たかが備品などと軽く思わないようにしましょう。

コラム

情報漏えい事故は意外にも学校内での発生が半数近くもあります（教育ネットワーク情報セキュリティ推進委員会「平成24年度 学校・教育機関における個人情報漏えい事故の発生状況　調査報告書」）。学校外に目を向けがちですが、学校内での対策を講ずる必要があります。

◉ アドバイス

備品だけでなく、近年では「情報」も重要な財産となっています。文部科学省は「学校における個人情報の持出し等による漏えい等の防止について（通知）」を発しています。児童の住所や身体記録、成績など個人情報等のデータを自分自身のパソコンへ保存することや、USBで校外へ持ち出しをすることは禁止されています。管理者の許可を得るなどのルールを明確化し、徹底することは重要です。

◉ ステップアップ

日頃から何が仕事上、「必要なこと」か、「そうでないこと」かを考えておきましょう。

公私のけじめをつけることは、物品以外にも言動やマナーでも共通して言えることです。情報漏えいに関して、教職員の認識不足によって発生することが多いため、漏えいの危険性について教職員全てに周知徹底を図ることが求められます。同時に研修等を通じて、適正な取り扱いが確保されるような措置を講ずる必要があります。

31 良い授業とは

河合先生は、採用3年目を迎えました。新任1年目は、毎日を乗り切るのに精いっぱいでした。2年目は年間の学校生活のサイクルが大体分かり、少し余裕が出ましたが、必死な思いは新任のときと変わりありません。そして3年目、自分は一生懸命に教えているつもりだが、子どもたちはあまり理解していないように見えるのです。良い授業とは……。河合先生は悩んでいます。

◉ マイナスポイント

子どもに対する一生懸命な姿勢や取り組みは教師としての基本ですが、それが度を越えてしまうと自分を見失うこともあります。「自分だけ一生懸命にやっているのに、どうして子どもたちは分かってくれないのだろう」という思いはまさに「子ども不在」の状況を象徴しています。自分がやっていることが本当に「子どものため」なのかを振り返る必要があります。

コラム

林竹二（1906-1985）は「授業とは、子どもたちだけでは到達できない高みにまで、しかも子どもが自分の手や足を使ってよじ登っていくのを助ける仕事」と述べています。子ども自身が伸びる授業とは何か、常に心がけたいものです。

林竹二他『授業の中の子どもたち』日本放送出版協会、1976

◉ アドバイス

そもそも「良い授業」と呼ばれるものはありません。教師が「今日の授業は良かった」と感じていても、子どもが同じ思いを抱いているとは限らないからです（その逆もあります）。あえて言えば「良い授業」とは教師と子ども、子どもと子ども同士の伝え合いが成立しているものと言えるでしょうか。そのためにも授業時間以外にも積極的に子どもと関わり、子どもをよく知ることが重要となります。

◉ ステップアップ

子どものことをよく知ることに加え、毎回の授業で子どもが、どのような力を身に付けるかを考えることが大切です。目標やねらいが明確化されることで、授業内容や教材の選択が変わってきます。

授業は、①子どもに基礎的知識や技術を、しっかりと身に付けさせること、②知識・技術を活用し、子ども自らが考え、判断し、表現する力を育むこと、③学習に取り組む興味、関心、意欲を養うこと、の場です。この3点に沿った授業の組み立てが大切となります。

32 教員と校長は対等ではない

「校長とは？」と聞かれて、「サッカーチームで言えばゴールキーパーとかキャプテンにあたる」と答えたり、「学校の教師集団の長」とか「学校の責任者」程度の理解・認識では、教員としては困ったものです。

教員と校長は明らかにその立場と職務が違います。教育関係法規をしっかりと学び正しく理解し認識することは、教員の仕事をするための基礎・基本です。

◉ マイナスポイント

学校には校長、教頭（副校長）、主幹教諭、教諭、養護教諭、栄養教諭、事務職員が置かれています。教頭（副校長）、主幹教諭、教諭、養護教諭、栄養教諭が教員といわれます。校長の職務は「公務をつかさどり、所属職員を監督する」こと、教諭の職務は「児童の教育をつかさどる」と、それぞれ規定されています。しかし、教員は教科書を手に学習指導をしていればいいかというと、それでは職務を果たせません。学校の教育活動全体の中で、児童の教育をすることの意味を十分理解することが肝心です。

コラム

学校の教員が飲酒運転で事故を起こした場合、本人に対する罰だけでは済みません。校長も監督責任を問われ、減給や昇給延伸などの処置を受けます。しかし、校長が飲酒運転をやっても、他の職員が責任を問われることはありません。これが校長と教員の立場の違いなのです。

◉ アドバイス

学校は法令にのっとって、児童の育成を図る公教育の機関です。そのため目的を持って計画的組織的に経営されます。校長はじめ全教員の知恵と力を結集しなければならないのは当然です。

学校は校長を中心に策定された経営方針・教育計画を全教職員が共通理解し、意図的・計画的・組織的に児童の育成に向けた教育活動を実践します。この教育の仕組みが十分に理解できると、校長と教員は対等でないことが一層明確になります。

◉ ステップアップ

学校には「学校要覧」があります。そこには学校経営方針・教育計画が記載されています。再度読んでみると学校内の自己の立ち位置や責任が認識されます。自分のやるべきことは何か、組織の一員としての自覚と責任が湧いてきます。

学校教育のしくみを知れば知るほど、教育の仕事は一人の力では何もできないことを知り、共有協働する一人前の教員へと自ら成長する道が開かれます。

33 上司との付き合い方

学校現場では校長・教頭（副校長）・主幹教諭は上司になります。そのほか法令により任命される教務主任・保健主事・生徒指導主任・学年主任等も、指導・助言を受ける教員にとっては上司に当たります。これらの先生は豊富な教務経験・教育実践・成果、そして高い専門性を身につけています。上司の方々に率先して近づき指導助言を仰ぎ、自己研さんに努め励みたいものです。

◉ マイナスポイント

学校では、一般の企業の上司と部下のように勤務時間外に勤務場所を離れて付き合うということは難しいのが現実です。上司の先生方は校務の重要な仕事を分掌しています。学級担任もしているのが普通です。お互いに都合と時間をやり繰りして実現しても、付き合いの場は多く持てません。

学校現場では、上司との付き合いは勤務時間内での指導・助言という形で考えるしかありません。

コラム

初任者研修を終えると、教育現場では一人前の教員として扱われます。しかし、上司の目から見るとまだまだ半人前です。謙虚な心と学ぶ姿勢を常に忘れずに上司と質の高い付き合いを続けることが肝心です。上司は若い教員の貴重な手本であり、身近な師となります。

◉ アドバイス

学校には校務分掌組織の中に各教科や各領域の研究部等が設けられています。その主任を務めているのが上司の先生です。教員は話し合いでいくつかの研究部に所属し、教科・領域について調査・研究・管理・運営等を分掌します。定期的に開かれる研究部会の話し合いの中で、上司の指導・助言を直接受ける機会はいくらでもあります。上司の人間性に触れたり、豊かな教職経験と優れた力量を学び取る絶好の機会・場となります。大いに活用することです。

◉ ステップアップ

上司との付き合いにおいては、謙虚な姿勢と学ぼうとする意欲は欠かせません。若い教員のこの姿は上司の心を揺さぶり、労を惜しまず懇切丁寧に指導・助言をしてくれます。校務多忙の中に置かれ、率先して若い教員を指導して育てるゆとりも持てない上司の先生方が、学ぼうとする教員の姿に打たれて面倒を見てくれるのです。こんな機会を可能な限り生かして、上司と密度の高い付き合いが実現します。

34 先輩との付き合い方

新任教員として１年が過ぎると、学校現場ではもう一人前の教員として扱われます。周囲の教員はみな先輩です。職員室を見渡すとベテラン教員から若さいっぱいの教員までさまざまです。一瞬腰が引けますが先輩たちは温かく迎えてくれます。これからの学校現場を担ってくれる有望な戦力として期待の目をもって育ててくれます。先輩教員の力を糧《かて》に確かな力量を持つ教員に成長してほしいものです。

◉ マイナスポイント

教員といえども人間です。困難な仕事や長時間にわたる仕事は敬遠しがち、校務分掌は重要なポストは嫌う、学年や学級担任は手のかかるところは希望しないなどの傾向が見られます。

指示や指導して児童を使うことはうまいが、自分から率先して動く教員が少ないのも現実です。先輩教員との付き合いは安易な気持ちからではなく、「見習うべき教員は……」と、自分の心と目を持ってしっかりと見極めて、付き合いの道を開くことが大事です。

コラム

職務に徹する教師、自ら学ぶ教師、優しさと厳しさを持つ教師、協力し磨き合う教師、法令を順守する教師、そのような先輩教員をたくさん見つけて付き合いをすることです。

◉ アドバイス

先輩教員にもいろいろなタイプの教員がいます。一つのことに熱中する型、なんとなく一日を終えるサラリーマン型、常に教育活動の先頭を走り続けるリーダー型、担任学級の学習指導以外には手を抜く省エネ型……、いろいろです。仕事に対して取り組む姿勢やその意欲、資質や力量の高さや専門性の違い、教育技術の差異等、いろいろな特徴を持った先輩たちでもあります。

教員は若い時代に深く付き合った先輩教員の影響を強く受けるものです。先輩教員の人柄や人間性、プロの意識等を見極めての付き合いが重要です。求める教師像をしっかりと自分の心の中に描き、先輩教員との付き合いを深めたいものです。

◉ ステップアップ

学校では初任者研修以外には若い教員を指導・助言する教員は充てられていません。先輩教員が自ら声をかけて教えてくれることも少ないのが実情です。他人を当てにしていては一人前の教員にはなれません。

学級経営の仕方や児童への接し方や話し方、教育技術・指導法・教材研究の仕方や黒板の板書等、先輩教員の良さを糧にして自ら学び「真の教員に向けて、自らの力で成長する」道を歩むことになります。

35 同僚との付き合い方

職員室にはいろいろな教員が集まっています。性別、年齢、教職経験から家庭や家族や子育ての有無など、さらには人柄、性格、教員としての力量や専門性などと十人十色です。学校現場とはいえ一つの社会です。担任として学級を任されても一人の力では何もできません。同僚教員の支援や協力があってこその仕事、真に「共育」です。同僚教員との付き合いは絶対に欠かせません。

◉ マイナスポイント

かって「学級王国づくり」という言葉がありました。学校経営方針・教育計画も意に介さず、学年経営や学年内の話し合いにも無関心で、担任学級の児童さえ育てば満足という、自分勝手な学級づくりをする教員を表現しています。

同僚教員との付き合いを嫌ったり疎《うと》くなると、この傾向は現れてきます。これでは児童の社会性や心身の調和のとれた成長にも問題が生じます。学校経営の基盤となる共育・共働の教育活動にも支障をきたします。

コラム

謙虚に、真剣に学ぼうとする意欲は人の心を動かします。困難に直面したら同僚教員に相談し、指導・助言を仰ぐことです。同僚教員の協力や支援は強力なものです。一人前の教員としての力量を備えるまで、大いに活用させてもらうことです。

◉ アドバイス

教員が教育活動を進めていくうえで基盤となるのが各学年です。学校では学年の学級数により数名の教員が配置され、学年部会（学年会）が組織されるのが一般的です。ここに所属する同僚教員との付き合いは教員としておろそかにはできません。

学年経営方針、教育計画に従って日々の教育活動は推進され、共通理解の下に学年相応の児童像の育成を目指します。若い教員にとっては生きた研修の絶好の場となります。自己の成長に資すること大なるものがあります。

◉ ステップアップ

若い教員を育ててくれるのが学年部会の同僚教員です。若い教員は学年部会の同僚教員に支えられながら、共育、共働、協調の下に、安心して自信を持って自学級の経営に専念できます。学年部会のメンバーの一員として意欲的・積極的に学年経営にも参画します。真の学校の仕組みや教育活動のあり方を学年経営の中で直接学びます。そして若い教員は一人前の教師へと成長します。

36 職員との付き合い方

学校にはいろいろな職種の職員が働いています。表には見えませんが日々の教育活動を支えてくれています。学校に一人閉じこもり担任児童を相手に過ごしていたのではよりよい教育成果は期待できません。自己の周囲に目を配り日々の教育活動を支え、尽力してくれる職員の方々に心をはせ、感謝の念を持つ姿勢は教員としては重要です。心豊かな教育はここから始まり実ります。

◉ マイナスポイント

学校に勤務する職員は校長、教頭、教員、事務職員のほかに栄養職員、外国語指導助手（ALT)、校務員、警備員、給食調理員等がいます。

常時職員室で顔を合わせる職員は名前と顔が一致し、忘れることはありませんが、同じ学校内でも勤務箇所が異なる職員となると、なかなかそうはいきません。挨拶もしないし、親しく言葉も交わせないということになります。これでは日々の教育活動の土台を支えてくれる職員に対して失礼なことです。教員として大いに自省すべきことであり、心しておかねばならない大事なことです。

コラム

校務員さんは朝早くから来て、掃除をしたり、動植物の世話をしたり、修理をしたりと、学校内を動き回って整備に努めています。そして先生方より、その学校に長く勤めている場合が多いものです。それだけに学校の裏表を、先生方の思わぬ点を、また子どもの動きを知っているものです。

◉ アドバイス

職員室以外の場所で働く職員については、教員一人ひとりが常に気を配り、積極的に挨拶し、言葉を交わすことが大切です。それぞれの職員の職務内容が理解でき、その困難さを知ることもできます。教育活動との関係もより深く理解できます。

職員と児童との交流の場を意図的に計画的に設定することも大切です。心身ともに健全な児童の育成に向けて、全職員の共育・共働の念が一層強くなります。

◉ ステップアップ

同じ学校に勤務する全職員が、職種や職務内容に関係なく、心身ともに健全な児童の育成という同じ目標に向かって働くことは素晴らしいことです。

そんな学校には、全職員からの一人ひとりの児童への声かけがあります。それに応える児童の姿や頑張りも見えてきます。児童は感謝の念も抱くようになり、心の触れ合いの場が大きく広がります。この広がりは日ごろの教育活動にも反映され、児童の心身の成長にも好成果をもたらします。心豊かな児童が育ちます。

37 来客の対応

学校にはいろいろな人がさまざまな用件で訪れて来ます。教員がそれらの来客の対応に当たることも度々あります。その対応の仕方や印象によって学校の評価や教員の質が云々《うんぬん》されることも希《まれ》ではありません。「あの学校は……」「あの教員は……」となってしまいます。教員の常識として来客の対応については、しっかりと身につけておきたいものです。他人事では済まされません。

◉ マイナスポイント

教員は、企業に働く人々に比べて礼儀やマナーに欠けると言われます。また、TPOに相応した言葉遣いができていないと指摘されることもあります。これらは、普段の人との対応にも自然と現れてしまいます。

児童を教育する立場の人間がこれでは困ります。教員だからこそ厳しい目が向けられていることを自覚し、教員にふさわしい基本的な生活習慣を再確認し、再構築しておくことは必要かつ不可欠なことです。

コラム

学校はサービス業ではありませんから、過剰な対応はひんしゅくを買うものです。そうかといって雑な対応は知性を疑いかねません。学校訪問をすると、どちらにも遭遇するのが悲しい現実です。また、業種内の異常な対応、すなわち教育委員会に対する過敏な対応も見苦しい感じがします。

◉ アドバイス

教員はその仕事柄から同僚や児童と接する場面が大半を占めています。児童に対しては、上から目線の話し振りや口調になることもあります。

まずは、自己の日常生活に気を配り、同僚教員をはじめ、児童との対応のあり方から考えることです。たとえ児童とはいえ、一人の人間です。その人格を尊重して心の伝わる話し方をすることが大切です。児童に対する姿勢や言葉遣い、口調に気を配り、優しい心のこもった話し方を心がけることです。

◉ ステップアップ

礼儀やマナー、言葉遣いはその人の人間性や品格をも表すと言われます。このことに留意し、常に気を配ることを自己研さんの一つに据えると、教員としての資質は上がります。礼儀をわきまえ、マナーも備わり、TPOにふさわしい丁寧語、敬語、謙譲語等が適切に使えるようになります。常識知らずの教員からの脱却にもつながります。自分のためにも児童の教育のためにも大きく役立ちます。当然ながら、来客の対応も教員として望ましいものになります。

38 電話の対応

プルルー、プルルー、職員室の電話が鳴っています。電話から少し離れた席で仕事をしている先生がいますが、自分の仕事に夢中なのか、それとも気づいていても「近くの人が出ればいいのに」とでも思っているのでしょうか、出る様子はありません。プルルー、プルルー、電話はまだ鳴り続け、ようやく一人の先生が受話器を取りました。「○○小学校です……」「ああ、○○先生は職員室にいませんね……」との受け答えをしています。

◉ マイナスポイント

職員がいるはずなのに「どうして出ないのだろう？」と不審に思われる前に、電話に出ることはどんな職場でも求められることです。たとえ自分の仕事中でも手を止めて電話に出ることになります。電話はお互いに声だけのコミュニケーションツールなので、挨拶や言葉遣い、声の調子で相手がきちんと聞いてくれているかどうかを判断されてしまいます。あなたの対応が、あなただけでなく、○○小学校の印象を大変悪いものにしてしまうのです。

コラム

最近は友達同士だとＥメールで連絡をすることが多くなりました。気持ちの行き違いを防ぐために絵文字も多く使われています。しかし、人と関わる仕事に就いたからには、電話で相手の様子を考えながら、コミュニケーションを図る力もつけていきましょう。

◉ アドバイス

電話が鳴ったらできるだけ早く受話器を取ることからマナーは始まっています。自分だけのときも他の職員がいるときも一番に電話に出るようにしましょう。「はい、出ます」と他の職員に分かるようにするのも良い方法です。「○○小学校でございます」と、ゆっくり、はっきり話すと落ち着いて対応ができます。電話の受け答えは、決まり文句がありますから、それをメモにして手元に置き、電話聞き取りのメモ用紙としても活用しましょう。

◉ ステップアップ

学校には、保護者からの相談や苦情、地域からの依頼やお礼、教育委員会から管理職への問い合わせや連絡、業者から担当者への連絡等の電話が入ります。相手が名乗るまでどこからの電話か分からないのですから、第一声が大切です。次に、相手を正しく把握します。また外部に対しては、上司である校長や教頭に敬語は使わないことも常識です。不在のときは「校長はいらっしゃいません」ではなく「校長は席を外しております」などと使います。

39 整理整頓

ある日、教頭先生が保護者からの電話を受けて、山中先生の机上にメモを置きに行きました。ところが、机の上は、テストの束、開いたままのファイル、さまざまな文書類が散らかっています。どこに置けば確実に山中先生の目に付くでしょうか。教頭先生は、仕方なくパソコンの上の文書を横にどけてキーボードの上にメモを貼ることにしました。

◉ マイナスポイント

職員室の自分の机の上は個人のスペースではありますが、他の職員や保護者の目につくこともあり、大切な文書やメモが置かれることもあります。雑然とした机上はあなたの個人情報の管理だけでなく、人としての評価まで下げてしまいます。

また、教室でも学級の物品、児童の机やロッカーなどの整理整頓はどうでしょう。身の回りを整え、自分で出来ることは自分でやりましょう。よく考えて行動することへの指導力が問われています。

コラム

整理整頓は苦手な人にとっては難問です。片付けるにも時間がかかり、またすぐに散らかってしまうのです。しかし、個人情報の紛失や仕事に支障があってはなりませんから、自分なりに工夫することが大事です。子どもたちの手本となるように努めましょう。

◉ アドバイス

「またすぐ仕事するから」「また使うときがあるから」という気持ちで机の上に次々と積み上げていくのではないでしょうか。それでも整理整頓していくには、①収納場所を決める（机上・引き出し・ロッカー等）、②書類は立てて置く（ファイルやクリアケース等）、これだけでも改善します。子どもたちにも置き場所を決めさせることが、指導のポイントになります。１年生では、机の中やロッカーのランドセルの置き方も決めさせて、環境を整えます。

◉ ステップアップ

職場として学習環境として整理整頓された空間をつくることは、仕事や学習に集中し、効率を上げることになります。まずは、みんなの場所であるという自覚を持つことです。そして、仕事の内容によって、物品の保管場所やファイルの色を分類して片付けます。整理整頓の時間を決めて習慣にすることをお勧めします。職員室なら退出前の5分間に机上整理をし、金曜日には少し念入りに保存か処分かを決めましょう。

40 報・連・相

ある朝、教室の机の上に封筒がありました。中には「いじめられていて、学校には行きたくないと言っているので、休ませます」という内容の手紙がありました。加藤先生は「いじめ！　不登校！」という言葉に驚きを隠せません。どんな対応がよいのかが分からず悩んでいるうちに、数日が経ちました。すると、保護者が「学校は何もしてくれないのか！」と校長面談を求めて乗り込んできました。

◉　マイナスポイント

担任以上にいじめや不登校を心配しているのは保護者です。その保護者の思いを少しでもくみ取ることができたら、何もしないではいられないものです。少しクラスの様子を見ていたのかもしれませんが、その対応を保護者に伝えなかったことが一番の問題です。担任への不信が学校への不信に変わってしまいます。校長と面会したときに、校長に情報が上がっていないと、さらに状況は悪くなっていきます。

コラム

「報告・連絡・相談」が重要なのは、担任は職場（組織）の一員として仕事をしていること、その一人ひとりの責任が最終的に学校（校長）に帰するからです。独断で行動したことで問題が大きくなることも多くあります。謙虚に「報・連・相」を実践して解決につなげていきましょう。

◉ アドバイス

保護者からの連絡は、必ずその日のうちに返事をしましょう。「先生には伝わったかしら」と保護者は返事を待っています。「ご連絡ありがとうございました」「子どもたちから聞き取りをしてから、ご連絡いたします」など連絡帳か電話で伝えることです。いじめだけでなく、けがやけんかなど、子どもたちの安全と安心に関わる事案は、第一に丁寧に対応することが大切です。学年主任、養護教諭と情報を共有しましょう。

◉ ステップアップ

子どもの問題や保護者の問題で迷ったときや困ったときは、一人で抱え込まず、学年主任や児童指導専任教諭、総轄（主幹）教諭などに「報告・連絡・相談」をしましょう。特にいじめ、虐待、登校しぶり、交通事故、頭部のけが、入院などは、学校の責任者である校長（教頭）にもきちんと報告しておく必要があります。大切なことは、事実の把握です。時系列で5W1Hを整理して書いておきます。事前に適切な「報告・連絡・相談」があれば、良い解決につながります。

41 気働きができる

警察からの不審者情報が入って、職員室が慌ただしくなりました。教務主任は仕事を中断して保護者向けの文書を作成しています。間もなく１年生の下校時間が迫っているのです。一方、高学年担任席の鈴木先生の耳にも入りましたが「うちのクラスは間に合う」と職員室でお茶を飲みながら仕事をしています。また、教務主任は、原稿のチェックを受けて印刷室へ走り出し、全学級分の印刷、配布に追われています。

◉ マイナスポイント

学校全体に関わる緊急事態であるにもかかわらず、鈴木先生には職員の一人として何かできることはないかという気持ちが働いていない状況です。子どもの安全を守って下校させるのは学級担任としてではなく、学校としての責任です。先輩が、自分の仕事を中断して急ぎの対応をしているのですから、自分の仕事をいったんおいても、先輩を手伝って学校全体に情報を届けるために、手伝いを申し出る場面です。

コラム

「気」や「心」は目に見えない人間の機能ですが、それを見える形にするのが「言葉」であり「行動」なのです。育った環境やこれまでの経験で大きな個人差がありますから、自分の今のレベルを分析し、自ら経験を積んで身に付けることです。

◉ アドバイス

自分の仕事に夢中になってしまうタイプの人がいます。外部の音をシャットアウトしてしまう人は、職場では意識して周囲の様子を見たり聞いたりしなければなりません。来校者に対応する、電話が鳴ったら真っ先に出る、何かを運んでいるのを見たら手伝う、子どもの来室に対応するなど、自分のこと以外に気を働かせることは職場の人間関係の上でも大切です。

時には先輩方に、お茶などを入れるというのも喜ばれます。

◉ ステップアップ

職員室では一人一台のパソコンに向かって、黙って仕事をするようになりました。そんな中でも近くの席の人と情報交換したり、ほかの先生の仕事を「担当なのだから担当者がやればいい」という考えではなく、周りの人の仕事にも関心を持ったりすることは、教員としての視野を広げます。また、職場に憧れの先輩を見つけて、話し方や振る舞いを参考にしていくのも一つの方法です。自分がされてうれしいことをほかの人にしていく経験も、意識して積み上げるとよいでしょう。

42 体を動かす事をいとわない

放課後の運動場を何気なく見ていた先生が「あの子たち大丈夫かしら」と指さすと、何人かの先生が集まってきました。遠くの体育倉庫を指しています。どうやら倉庫の屋根に上がったボールを取りに登ったようです。「まったく何を考えてるんだ」「放送しましょうか」「お〜い、あぶないぞ！」さまざまな対応の中、田口先生は「しょうがないですね。落ちて痛い目に合えばいいんですよ」と眺めています。

◉ マイナスポイント

「子どもが落ちたらけがをするかもしれない」という心配はどの先生も感じています。見ているだけの先生、放送しましょうかと判断に迷っている先生、遠くから注意の声をかける先生は、いずれもその場での言葉掛けだけでは適切な対応とはいえません。中でも田口先生は子どもの安全や指導を考えていません。実際に発生の現場へ行き、子どもたちに直接指導し、危険を回避させるために、迅速に行動するという判断が求められる場面です。

コラム

たいそうな教育論を披露し、屁《へ》理屈を並べるだけで、体を動かそうとしない教員は教育の現場には必要ありません。特に小学校の現場では腰が軽く、「率先《そっせん》垂範《すいはん》」できる教員が求められます。しかし、残念ながら口先だけの教員がいるのは悲しい現実です。

◉ アドバイス

学校現場は毎日いろいろなことが起きますから、的確な判断で機敏に動くことも大事なことです。「腰が重い」は、面倒くさがりで、座ったまま腰を上げて行動しないことですが、体を動かすことも習慣にすると「腰が軽く」行動できるようになります。

普段から子どもと遊び、授業でも机間指導を多くし、一緒に掃除をするなど実際に行動を共にするようにすると、体は機敏になり児童理解も深まり一石二鳥です。

◉ ステップアップ

会議の会場づくり、職員室や印刷室のちょっとした整理整頓、ゴミの分別など、だれも見ていなくても、だれがやってもよいことは、進んで行いましょう。自分も気持ちが良いものです。子どもに関わることだけでなく、職員同士でも進んで体を動かす人が多いと、風通しの良い職場づくりに一役買うことになります。

力を貸す、知恵を貸す、時間を貸すなど、自ら積極的に体を動かして仕事に取り組みましょう。

43 自己表現ができる

学年研究会では学年主任の方針に従って、学習指導や学年の行事の進め方が話し合われます。初めて学級担任になった内山先生は、そのときは「分かった」と思うのですが、一人になると「具体的にはどうするんだろう」「こんなやり方もいいのかな」と不安になってしまうのです。先生方が皆忙しそうにしているので質問や思いを伝えられずにいます。

◉ マイナスポイント

学年研究会は少人数ですし、会議とは言っても一番話しやすい会議の場です。時にはお茶を飲みながらということもあります。しかし、内容は子どもたちの学習や活動に直接関わることばかりです。教室に行けば子どもたちの前には自分だけです。

黙って聞いて分かったつもりになるという参加の仕方では、子どもの前に立ったときに、正しい説明や指導ができず、職責を果たせないことになります。

コラム

自己表現と自己主張は似て非なるものです。自己表現は、自分の考えや思いをいろいろな方法で表し、相手に理解してもらえるように努めることですが、自己主張は、自分の意見を言い張るのですから、相手より自分中心になります。表情や言葉遣い、服装なども自己表現の一つです。

◉ アドバイス

「聞いて分かったつもり」を一歩進めて、確かな理解にする必要があります。まずは、資料を手元に置きましょう。職員会議の提案資料や学校経営計画、教科書などです。

次に、話し合いの進行に合わせてメモを書き加えていきます。疑問があれば、質問します。質問だけでなく確認も大切です。経験年数が違っても担任としての責任は同じですから、疑問や不安を解消して、自信をもって仕事に取り組みましょう。

◉ ステップアップ

自己表現の第一歩は、日々の挨拶です。多くの先生方に挨拶をし、帰り際に「お先に失礼します」と出口で言うなど存在を示すことで、関係が広がります。経験不足を自覚しながらも、今の自分が考えることを表現していくことは、向上心を示すことにもなります。

まずは、自分から声を発していきましょう。ただし、主張すればよいというものではありません。考えを整理して分かりやすく丁寧に話すことを心がけます。

44 生き物の世話をする

理科の学習でモンシロチョウの観察をすることになりました。キャベツの葉についている卵から始めました。世話の仕方は教科書で確認し、林先生は「これで大丈夫」と安心して子どもたちに世話を任せました。ところが翌週の理科の時間には、しおれたキャベツに動かない幼虫があちこちに……。林先生は「どうしてこんなことになったの？」と子どもたちに憤慨しています。

◉ マイナスポイント

教室で生き物を飼うことがあります。理科や生活科の学習で必要だったり、生き物係の提案だったりしますが、世話の仕方の注意を子どもたちに一度教えたからといって、子どもたちに任せきりという点で問題が発生しました。

ヤゴ、カイコなどの幼虫や、その他の昆虫の成虫、金魚など飼育の仕方について、担任としての知識や教材研究も問われます。先生がすべきことと、学年に応じて子どもたちができることの、見極めが必要です。

コラム

自分より小さくて弱い生き物に触れることで、命の温もりや尊さを実感することができます。家では飼えないこともありますから、クラスで飼育することができれば、救われる子どももたくさんいるのではないでしょうか。出張動物園や、遠足の機会を活用するものよいでしょう。

◉ アドバイス

自然界から取り出して飼育ケースで生き物を飼うときは、生かし続けるためにしなければならないことがたくさんあります。餌をやるのは図鑑で調べてからなどと先送りはできません。担任は事前に飼育環境や餌、病気、危険性、行動の特性などについてよく調べて、必要なことを教えます。餌や噛まれる危険などはすぐにも伝えましょう。生き物が大好きな子どもや、経験のある子どもを活躍させるのもよい方法です。

◉ ステップアップ

虫や小動物が苦手な子どもでも、自分が世話をして元気に活動し、成長する姿を見ているうちに慣れてきます。どうしても苦手な子やアレルギーがある子には配慮した対応を考えます。また、死んでしまったらどうするかを考えておかなければなりません。餌は忘れていなかったか？など飼育の仕方を振り返り、小さくても命あるものの死をゴミ箱などに捨てることがないように、子どもと話し合い、確認し合いましょう。

45 名前を覚える

友子さんは4年生になりました。新しい学級です。担任の先生も優しそうです。「今年はもっと積極的に頑張ろうかな」と思っています。担任の先生も、学級の子どもの名前を、どんどん覚えて声を掛けてくれています。でも、少し引っ込み思案の友子さんの名前はまだ覚えてくれません。一週間経っても、「え～と、あなた」と呼ばれました。友子さんは、少し悲しい思いがしました。

◉ マイナスポイント

学級担任の最初の仕事は名前を覚えることです。何事も積極的で、良い意味でも悪い意味でも目立つ子の名前はすぐ覚えられるものですが、目立たない子の場合は、なかなかすぐには覚えられません。でも、そんな子こそ、新しい担任の先生のもとで「今年は頑張ろう」と思っているものです。そんな気持ちを大事にできなければ、全ての子どもが生き生きできる学級のスタートにはなりません。そのためにも、まずは名前を覚えることが必要です。

コラム

「ソーシャル・スキル・トレーニング」というゲームがあります。昔から「集団遊び」といわれていたものと重なります。その中には、学級開きで互いの名前を覚えるゲームもあります。教師だけではなく子どもたち同士も、互いの名前を覚えることが大事です。そんなゲームを知っておくのも教師の技術です。

◉ アドバイス

名前の覚え方には色々あります。学級が決まった際には名簿が事前に渡されますので、それを見ながら名前だけを先にある程度覚えておきます。今は、読むのが難しい名前が増えています。出席をとる際に一人ひとり確認しながら、しっかりと目を見て呼名します。一日の終わりには、一人ひとりと握手をしながら、名前で呼びながら、さようならをするのも効果的です。大体、一週間ぐらいで覚えられます。ただし、それ以上かかってはいけません。

◉ ステップアップ

「先生は、三日間で全員の名前を覚えるよ！」そう言うと「え～できるの？」なんて子どもは言うでしょう。同時に、「先生、僕の名前は？」「私の名前は？」と声をかけてきます。答えていくうちに、子どもとの関係は親密になっていきます。「名前を覚えること」自体を学級づくりの手始めとします。こんなことも技術です。むろん、事前に名簿をよく見ておくこと、目立たない子には、教師からどんどん声をかけていくことが必要です。

46 子どもを好きになる〈子どもを愛する〉

太郎君は、時々いたずらもするやんちゃな子です。担任の先生のことは好きなのですが、なかなか素直にはなれません。昨日、つい「先生なんか、キライだ！」と言ってしまいました。そのとき、先生も「私だって、太郎君のことはキライ！」と返されました。自分で言っておきながら、「本当に先生は、ぼくのことキライなのかな」と少し寂しく思ってしまいました。

◉ マイナスポイント

学級経営がうまくいかないと悩んでいる教師は、往々にして「子どもがよくない」と言います。それでは、うまくいくはずがありません。子どもとの信頼関係がないからです。

ところで、信頼関係をつくるのは誰でしょうか。それは子どもではありません。教師の仕事です。目の前の子どもたちと信頼関係をつくり、子どもたちが安心して楽しく過ごせる学級をつくることが教師の仕事です。それが、子どもを好きになるということと同じなのです。

コラム

子どもは良いことだけではなく、いろいろ悪さもします。しかし、大事なのは、良い面の方をよく見ること。そのためには、悪さをしたときも、受容が大事です。キーワードは「いろいろあるけど、まあ、いっか」。こんな気持ちを持てると教師も楽になるし、子どもも救われます。良いも悪いも丸ごと受容することが大事です。

◉ アドバイス

まず、一人ひとりをよく見て、よい所を褒めます。そんなとき、子どもは一様に喜びます。時には、笑顔を返してくれます。そんな姿を見ながら、自分の学級の子どもを好きになることが大事です。子どもは、誰でも担任の先生に好かれたいと思っているので、他の子も褒めてもらうために、よい所を見せようと頑張ります。それが学級に広がっていくと、良い方向に進んでいきます。秘訣は、「子どもよりも先に、学級の子どもを好きになること」それが大事です。

◉ ステップアップ

時々子どもは憎まれ口を叩くことがあります。そのときに大事なことは、教師は常に子どもの上を行くことです。憎まれ口を言われても「この子だって、本当は違うはず」という気持ちで返してやります。「そう、残念だな。先生は、太郎君のこと大好きなのに」と言って、手を握ってやれば、ほとんどの子どもはうれしく思います。それを他の子どもが見て、ますます先生のことが好きになります。学級にいい雰囲気が広がります。

47 子どもの気持ちに共感できる

美咲さんが下校しようとしたとき、靴が片方ありませでした。先生には、「もう少し、自分で探してごらんなさい」と言われました。あちこち一人で探してみましたが、やはり見つかりません。先生に伝えたら、「明日になったら出てくるかもしれないから、今日は、とりあえず、上履きで帰りなさい」とのこと。帰り道、美咲さんは何だがとても寂しい気持ちがしました。

◉　マイナスポイント

事例のように靴がなくなったようなとき、確かに日を改めると出てくることが多いのですが、いじめの可能性もあります。子どもはそんなときは不安でいっぱいになります。「一日まってみなさい」というのは、指示としては間違ってはいませんが、子どもからすると、「先生には私の気持ちが分かってもらえなかった」ということにもなります。そのことを家に帰って、子どもが保護者に話すと、教師への不信感につながることがあります。

コラム

教育相談では、相手の話をよく聞くカウンセリングマインドという態度が基本となります。一般に教師は仕事柄、自分から話すことが多く、しかもやや話しすぎになります。相手の話をよく聞くことは意外と苦手かもしれません。しかし、子どもとの信頼関係を築くためには、カウンセリングマインドが今後ますます必要となります。

◉ アドバイス

頭で分かることと共感することは別物です。事例の場合、短い時間でもいいから一緒に探してやったり、他の子にも間違って履いていないか聞いてみることが大事です。たとえ靴が出てこなくても、先生が一緒に探してくれたという経験が、子どもの不安を減らします。この事例に限らず、その子の気持ちになって対応すること、それが共感です。それは、保護者にも伝わります。それが教師への信頼につながります。

◉ ステップアップ

今はどの学校でも、教育相談の機会を設けて保護者と個別の話をする機会が増えています。けれども、教育相談は、子どもと一緒に行ってもいいのです。子どもと、一対一で時間を決めて話をします。意外と子どもと相対して話をする機会は学校にはないものです。内容は、他愛のない話でもいいのです。基本は、子どもの話をよく聞いて、うなずいたり、ちょっと質問を返したりします。共感する心や信頼はそんなことから育まれるものです。

48 「えこひいき」をしない

正君と浩君は、学級の女子たちが嫌いです。なぜかというと、ちょっとしたことで、すぐに先生に言いつけるからです。先生も先生です。大体、女子から言われると、それをうのみにして、すぐに自分たちを呼んで「また、おまえたちか」といいながら説教を始めます。先生は、いつも自分たちの話を聞かないで女子の肩ばかり持ちます。だから、正君と浩君の学級では、男子と女子の仲も悪いのです。

◉ マイナスポイント

昔も今も、子どもに一番嫌われる教師は「えこひいき」をする教師です。教師も人間ですから、ウマが合う子、合わない子がいるのは事実です。しかし、それが行動や言動に表れ、子どもに「えこひいき」と思われるようでは教師失格です。何より学級自体もうまくいきません。教師と子どもとの信頼関係がつくれず、子ども同士の間にも対立関係を持ち込むことにもなります。教師にも子どもにも、毎日顔を合わせるのがつらい学級になります。

コラム

「学級カースト」という言葉が話題になりました。教師の価値観が、子どもに反映して、教室内での序列を形成し、特に下位の子どもにいじめ的な言動が集中したりします。それを防ぐためにも、教師が公平公正に子どもたちに接することが大事です。「えこひいき」は、その対局で、学級に序列や対立関係を招きます。自分の学級づくりを振り返り、絶えず自己点検することが必要です。

◉ アドバイス

大事なのは公平と公正です。子どもはいろいろなことを教師に話しかけてきます。そこで、子どもたちの話をよく聞くことです。うなずきながら、理不尽な事には一緒に共感しながら聞きます。何か出来事があって、両方の言い分が違う場合は、特によく聞き、それぞれの悪い部分を指摘し、謝罪させます。そして、子どもが納得するような形で収めます。そんなことを続けるうちに、子どもは教師を信頼しだします。教師も、子どももそれぞれに言い分があることを理解できます。

◉ ステップアップ

「自分とウマが合わないな」と感じる子どもがいたら、どうするか？　子どもを変えるのではなく、教師自身の感情をコントロールします。つまり、そんな子ほど気にかけて、声をかけていきます。そうすると、意外に良い部分が見えてきて苦手意識も薄れていくものです。教師のそんな感情は、子どもたちにも伝わります。教師がどの子どもにも公平に接する姿は、子どもたち自身に、互いに思いやることの大事さを学ばせることにもなります。

49 学力をつける

和子さんは算数が苦手です。でも、算数の授業は好きなんです。というのも、授業中、分からなくて困っているときは、必ず先生が回って来てくれて、丁寧に教えてくれるからです。分からない問題が解けたときは、とてもうれしくなります。先生に「できました」というと、先生も一緒に喜んでくれます。そんなときは、学校から帰るときも、足取り軽く、明日も頑張ろうという気持ちになります。

◉ マイナスポイント

学校の大きな役目は、子どもに学力をつけることです。「学力」にはいろいろな考え方がありますが、子どもからすれば、毎日の授業がよく分かるということです。例えば、算数の問題が解けたり漢字が正しく書けると、うれしいものです。そうすると、学校に来るのも楽しくなります。それは、いろいろな事への積極性にもつながります。でも、逆の場合は、少々考えものです。学校に来る足取りも何となく重く、学校までの道のりも遠く感じます。

コラム

教師は授業で勝負するといわれます。学校の研修に積極的になるのは大事ですが、効果があるのはお金をかけることです。本を買ったり、いろいろな研究会に自前で参加します。お金をかけると、その実を得ようと頑張るものです。つまり自分に投資するということです。若いうちはそれを惜しんではなりません。

◉ アドバイス

足取りが重くても、学校には友達がいるので、子どもは毎日登校して来ます。でも、授業が分かる方が、その足取りは軽くなります。保護者にしても、子どもが「授業がよく分かる」と言いながら、学校を楽しげに通う姿はうれしいものです。また、担任への信頼感も高まります。

まずは授業の腕前を磨くことです。そして、子どもが「分かった!」と喜ぶ姿を、自分の喜びとできるようにします。授業の腕前もどんどん上達していきます。

◉ ステップアップ

授業が上達するには時間がかかりますが、子どもに学力をつける有効な手だてもあります。その一つが家庭学習の習慣化です。宿題に限らず家で学習する習慣を促します。例えば、子どもが家で学習した内容をよく見て、声をかけ、評価します。そして、他の子どもにも紹介します。すると、子どもたちには我も我もと始めます。やがて家庭学習の習慣が身に付きます。それは、学力の向上と共に、保護者の信頼を得ることにもなります。

50 優しさと厳しさ

隆一君は、担任の山本先生が大好きです。いつも自分が失敗したとき頭ごなしに怒るのではなく、よく話を聞いてくれてから「次は気をつけようね」と優しく注意してくれます。でもこの間、ものすごく怒られました。それは、隆一君がちょっとしたうそをついてしまったからです。山本先生は、うそが大嫌い。そのときは、怖かったけれども、うそはいけないと自分でもすごく反省しました。

◉ マイナスポイント

子どもは優しいだけの先生というのは、実はそれほど好きではありません。無論、怖いだけの先生も嫌です。でも、自分が間違ったときに、しっかり注意してくれたり、叱ってくれる先生の方が、子どもは好きです。学級崩壊の事例では、子どもに優しすぎて注意ができなかったり、厳しく力で押さえていたが、反抗しだした子どもを押さえきれずに崩壊してしまう。どちらの事例もあります。つまりは、優しさと厳しさのバランスが大事なのです。

コラム

子どもの人権を大事にすることが言われています。もちろん大事なことですが、ともすれば、子どもに迎合するような姿を見ることがあります。優しく接するということは、甘やかすことではありません。有名な会津の「什の掟《じゅうのおきて》」にあるように「だめなものはダメ!!」という毅然とした姿勢も教師には必要です。

◉ アドバイス

子どもが失敗したときにはよく話を聞いて、解決の道筋を一緒になって考えます。教師のそんな優しさは、子どもに次は頑張ろうという気持ちを促します。でも時には、うそをついたり、他の子どもを傷つけるような言葉を言うこともあります。そんなときは、厳しく叱ることも大事です。それがバランスです。そんな先生だからこそ、褒められたときはうれしいものです。いつも優しいだけの先生に褒められても子どもはあまり感じないものです。

◉ ステップアップ

教師の価値観が学級の雰囲気形成の基盤となります。どんなときにはたくさん褒めて、どんなときは厳しくするのかを子どもたちにはっきりと伝えます。そして、日頃から具体的に何が良くて、何が悪いかを明確にして、悪いことをしたときには厳しく叱ります。その方が、子どもたちにも分かりやすく、落ち着いたよい学級づくりのためにも効果があります。後は、そのルールを教師自身がしっかりと守りながら、子どもに優しく接することが大事です。

51 約束を守る

健太君は運動が大好きな男の子です。担任は若い男性の吉村先生です。ある日、思い切って「先生、休み時間に外でドッジボールをしようよ」と、声をかけました。「じゃあ、今日の20分休みにやろうか」と言ってくれました。「約束だよ、先生」健太君はうれしそうでした。ところが、20分休みに先生は現れません。どうも忘れてしまったようです。「チェッ！」健太君はがっかりです。

◉ マイナスポイント

「うそはいけない」と大人は子どもに伝えます。ただし、大人はうそも方便のように、やむを得ない場合もあることは、経験として分かっています。しかし、子どもはそうはいきません。考えようによっては、子どもとの約束の方が大事です。「子どもとの約束なんて」と思っていると、とんでもないことになります。学級経営の基盤は、子どもとの信頼関係ですが、約束を守らない教師の言うことなど、子どもは信頼しません。当然、学級はうまくいきません。

コラム

「○○ちゃんも持ってるよ」子どもが親にねだるときの定型文句です。学校でも同じことがあります。「隣のクラスは、いいって言っているよ」ここで、安易に「じゃ、いいよ」と約束するのは禁物です。後で「だめだった」ことになると、子どもにとっては「先生が約束を破った」ということになります。要注意です。

◉ アドバイス

一人と約束をすると、他の子どもともせざるを得なくなります。全てを守りきることは、結構大変です。また、子どもによる偏りも出たり、場合によっては「えこひいき」と見られることもあります。約束するときは慎重にします。ねらいを持って学級づくりとして皆の前で約束をするとか、特に配慮を要する子どもとの約束を優先するとか、意識しながら行うことが必要です。その代わり、約束したことは必ず守ります。それが大事です。

◉ ステップアップ

子どもと約束したことが、急な仕事が入ったりして、どうしても守れなくなることがあります。そんなときは、子どもに説明して、きちんと謝ります。約束を忘れたときはもちろんです。子どもとの信頼関係さえしっかりしていれば、子どももシブシブでも受け入れます。でも、大丈夫です。むしろ、子どもは、約束が果たせなかったときの担任をよく見て、信用できるか否かを判断します。ここでごまかしたりするのは絶対いけません。最悪です。気をつけましょう。

52 子どもと一緒に遊べる

「健太君、きのうはごめんな」吉村先生と健太君たち男子は一緒に休み時間に思いっきりドッジボールをしました。健太君は先生と一緒に遊んで、嫌なことをみんな忘れてすっきりしました。「先生、私たちも」女子が声を掛けてきました。「先生、今度は女子と遊んであげなよ」「うん、そうか」「健太君ありがとう」。だから、健太君の学級は、男子、女子ともに仲の良いクラスです。

◉ マイナスポイント

もしあなたがまだ若くて授業技術や学級づくりが「今ひとつだな」と思っているのだったら、残るすべは、子どもと一緒に遊ぶことです。教員は経験を積むごとに授業などの技術も向上しますが、同時にいろいろな仕事を背負うことになるので、あまり子どもと遊ぶ時間がとれなくなっていきます。そこが若いあなたのねらい目です。もしそれもできないのでしたら、子どもの目に、あなたがどのように写っているのか、少々心配になります。

コラム

遊ぶには時間が必要です。子どもにとって嫌いな先生のタイプの一つのは、授業終了時間を守らずに休み時間に食い込むことが多い先生です。子どもにとっては、休み時間は「命」です。そのため、授業を時間通りに終わらせ、遊びに行く子どもを笑顔で見送ることも、子どもを遊ばせるという意味では、一緒に遊んでいるようなものです。

◉ アドバイス

子どもと遊ぶことは、一緒に体を動かしたり、一緒の作業をすることで、子どもとの良い関係を作ることになります。そのため、ベテランの教師であっても遊んだ方が、短い時間でも効果があります。一緒に運動できなくても、教室で話相手になるだけでも、遊びと同じ効果はあります。「先生が一緒に○○してくれた」、それが子どもの喜びになり、教師への信頼感を増します。子どもは誰でも先生と遊んだり、話をしたりするのが大好きなんです。

◉ ステップアップ

なかなか時間がとれなくても、ここぞというときには、ねらいをもって子どもと遊びます。例えば、子どもとぎくしゃくした関係を手直しするためであったり、悩みがありそうな子を元気づけたり、男子、女子を仲良くさせるために遊んだり、リーダーを育てるために遊んだり、いろいろです。子どもと遊ぶことには、そんな力もあります。学級づくりにも効果があります。

つまり、子どもと遊ぶことは、とても大事な仕事であり、立派な教育技術です。

53 目立たない子への配慮

好子さんのクラスは、とても活気があります。その中で好子さんは、物静かであまり目立ちません。トラブルもなく何事も自分でできるので、手のかからない子だと思われています。しかし、あるとき、好子さんの作文の中に、「私はあまり先生と話していません。話したいことはあるのだけれど……」とありました。担任の山田先生は「ハッ！」としました。

◉ マイナスポイント

教師は、ややもすると活発な子や何かと手のかかる子、自分から話しかけてくる子らに目を向けがちになります。そのため、手のかからない子やおとなしい子には、あまり注意が向けられないことがあります。これでは子どもにとって、学校生活や教師との触れ合いが楽しいものとはなりません。教師も子ども一人ひとりを大事に見ていたことにはなりません。

コラム

三重苦を乗り越えたヘレン・ケラー女史の伝記は、多くの人に読まれています。これを脚色した舞台や映画の『奇跡の人』もありました。家庭教師アニー・サリバン先生との出会いが大きく人生を変えたように、人は多くの可能性や能力を秘めています。まだの人はご一読、もしくはDVDを。

◉ アドバイス

一日の終わりに一人ひとりの子どもを思い浮かべ、その日を振り返ってみましょう。もし、声掛けや気配りが足りないことがあったら、次の日には教師から「おはよう」「元気？」など積極的に会話のきっかけをつくってみましょう。また、発表や発言の場を設けるなど、工夫をしてみましょう。日々の積み重ねによって心が通い合うと、普段気づかなかった面も見えてくるはずです。

◉ ステップアップ

どんな子どもにとっても、教師からの細やかな目配りや声掛けは安心感や信頼感を生み、子どもの成長に大きく寄与します。一人ひとりの子どもをよく見る方法として、指名や声掛けのチェック表を作る、給食時に班を回って一緒に食べる、休み時間に一緒に遊ぶ、他の先生に指導してもらっている授業を参観するなど、さまざまな工夫が考えられます。実践を重ね、手法を身につけましょう。

54 健康で明るく

大竹先生は明朗快活な性格で、学校でも子どもから慕われています。あるとき、不規則な生活が続いたため体調を崩してしまい、しばらく学校を休むことになりました。休んでいる間、子どもたちのことや学級のことが気になっていました。再び学校に復帰したとき、子どもたちは大喜びで先生の周りを囲みました。大竹先生は、改めて日々の健康管理の大切さを痛感しました。

◉ マイナスポイント

教師の明るさや元気さ、活気あふれる行動などは、子どもたちにも反映します。しかし、体調を崩したりすると、ついイライラしたり不機嫌になったりして、表情や気持ちが暗くなりがちです。子どもは敏感に感じ取ります。また、担任が学校を休めば、その間、他の教師が交代してクラスを見ることになります。子どもは不安になったり、落ち着かなくなったり、学級の雰囲気も盛り上がりません。

コラム

近年、教員のメンタルヘルスの悪化が深刻になっています。文部科学省資料では、平成25年度の全国の病気休職者は８,408人（在職者比0.91％）、そのうち精神疾患による休職者は5,078人で病気休職者の0.55％を占め、精神疾患の病休者はこの10年間で約２倍に増えています。「平成25年度公立学校教職員の人事行政状況調査について」

◉ アドバイス

病気をせず明るく健康な生活を送りたいと、誰もが願っています。教師にとっても、心身ともに健康を保ち、明るく過ごすことはとても大事なことです。そこで、自分の生活リズムを点検してみましょう。不規則な生活や無理が続いていたら改善が必要です。夜型から朝型の生活にする、睡眠時間を確保する、朝食をしっかり取るなど、基本的生活習慣をきちんとすることが心身健康の土台です。

◉ ステップアップ

日頃から健康管理に努めることが大切です。体調に合わせ、仕事量や時間をコントロールしたり、自分に合った気分転換やストレス解消法を工夫したりしましょう。また、健康診断等を有効に活用し、医師の適切な指導を受けることが大事です。さらに、学校では日頃から、学年の先生と授業進度や児童の情報を共有しておくと、もし休んだ場合にも、安心して学級を任せることができます。

55 正しい日本語を使う

川島先生は、よく子どもたちと遊び、触れ合いを大切にしています。そうしたとき、つい造語や「ら」抜き言葉を使って、友達同士のような話し方をしてしまいます。学校では言語活動の充実を図ろうと、発表の仕方や話し方などを意識して指導しているので、自分でも気になっています。先日、学年主任からも教師としての言葉遣いのアドバイスがありました。

◉ マイナスポイント

大人から子どもまで、さまざまな場面で言葉の乱れが憂慮されています。特に、言葉の意味や活用を学び、語彙《ごい》を増やす時期の子どもにとって、教師は手本となる言語環境です。教師が誤った使い方や乱れた使い方をしていると、子どもたちにそれで良いと思われてしまいます。また、コミュニケーションを図ろうとするあまり、子どもと同じような話し方をしていると、教師としての信頼が損なわれてしまいます。

コラム

文化庁の「平成25年度『国語に関する世論調査』の結果概要」（調査時期：平成26年3月）の結果が公表されました。「電子レンジで加熱する」との意味で「チンする」を使う人は、9割に上るとのこと。こうした造語や誤って理解されている言葉など、毎年の国語情報は気になるところです。

◉ アドバイス

自分の話し方や言葉遣いが教師として適切かどうか、自分なりに振り返り改善を図りましょう。授業時間と休み時間の話し方の区別、時と場所をわきまえた話し方、俗語や造語、はやり言葉などを考えてみると気になることは多いものです。また、教師と子どもとの関係であっても、目上の人との話し方や敬語の使い方に、一定のルールがあることを教えなければなりません。

◉ ステップアップ

学校は正しい日本語を学び、身につける大切な場です。教師には子どもたちの手本となる正しい言葉遣いをし、言語環境を整え、どの子にも分かる言葉で教育に当たることが望まれます。そのためには、幅広い教材研究と自己研さんが大切です。日々意識して話し方や言葉遣いに気を付け、自分自身の言語力を高めていきましょう。また、職場での研修、先輩からのアドバイスから学ぶことも多いでしょう。

56 子どもに要求することは自分でもする

たかし君の学級では、年度の初めに「清掃をしっかりやろう」という目標を立てました。担任の先生も、環境美化の大切さを強調しています。ところが、いざ活動が始まってみると、担任の先生は清掃の時間にほとんど動きません。わずかな片づけでも子どもたちに指示するだけです。たかし君たちは、清掃活動の意欲が高まりません。

◉ マイナスポイント

身の回りを清潔にするための清掃は、最も基本的な作業です。慣れていない子どもが多いので、教師の適切な指導が求められます。上記のような口先だけの指示では、子どもたちの意欲が盛り上がらず、作業が進まないばかりか、中には嫌気がさしてしまう子がいるかも知れません。

清掃に限らず、このような教師の姿勢は、子どもたちからの信頼感を失い、学級全体に与える影響も心配です。

コラム

「率先垂範《そっせんすいはん》」とは、先に立って模範を示すことの意味です。企業の創始者や経営者の姿勢などにもよく見られます。教育の分野でも、教師に求められる姿として、さらには学校経営やグランドデザインにも使われます。率先垂範を心掛ける教師の姿勢は、大事にしたいものです。

◉ アドバイス

教師が働く姿を見せると、子どもたちは一体感、親近感といったものを敏感に感じとるものです。また、一緒に活動すれば、子どもたちの普段見えない面が見えてきて、新たな発見につながることがあります。係の仕事や日直の仕事を頑張っている子がいたら、声をかけてやりましょう。子どもの励みになり意欲が湧いてきます。共に働き、活動しながら教えることの大切さを学んでください。

◉ ステップアップ

年度や学期の初め、教師は子どもたちに学級づくりの視点をはっきり示すことが大切です。自分の考えを、子どもたちが分かるように具体的に伝えます。そして、学級で子どもたちと決めたことは教師も守り、率先垂範を心がけましょう。教師のその姿勢は、子どもたちに安心感を与え、意欲を持たせることにもなり、子どもとの信頼関係を深める上でも大事なことです。

57 「大嫌い」はダメ

さとし君は、昆虫が大好きです。校庭の草むらでカマキリを見つけました。大好きな先生に見せようと教室に持っていきました。先生はビックリして「そんなものを教室に持ってきてはいけません」と、ものすごく怖い顔をして、さとし君をにらみつけました。そして教室から出て行ってしまいました。さとし君は驚き、悲しくなりました。

◉ マイナスポイント

自分の得意なことや好きなことを否定されるのは、大人でもつらいことです。ましてやさとし君は先生に喜んでもらおうと思っていたわけですから、全く逆の結果になってショックは大きかったはずです。クラスのみんなの前で叱られ、より一層傷ついたことでしょう。先生の行動は、さとし君だけでなくクラスの子どもたちにも驚きを与え、これから先、先生との接し方に不安を与えてしまいます。

コラム

好みの違い、嗜好《しこう》の違い、センスの違い、趣味の違い、考え方の違いなどは人それぞれです。さまざまな個が集まっているところが学校です。小学生といえども、頭ごなしにそれらを否定することは絶対に許されません。学校は先生の好みで教育が行われるところではありません。

◉ アドバイス

誰にでも好みの違い、趣味の違い、考え方の違いがあります。学校は、さまざまな個性を持った子どもたちの集まりです。子どもそれぞれに思いがあるので、頭ごなしに否定したり、嫌なことをストレートにぶつけてしまうのは、教師としてよくありません。大嫌いなものが多いと、こうしたケースが起こりやすくなります。「先生、虫はあまり好きではないんだ、苦手なんだ」ぐらいの表現で。

◉ ステップアップ

教師には、子どもとともに喜んだり、驚いたり、感動したりする豊かな心と寛容な態度が求められます。特に、学級づくりでは教師の大事な資質といえます。また、教師の役割の一つは、子どもたちの興味・関心を大切にし、良さを伸ばすことです。そこで、自分の得手不得手や、自慢できることを発表し合ってはどうでしょう。お互いを知り、互いに認め合うことの大切さが学べます。

58 よき相談相手となる

かおりさんの学校は、毎年クラス替えをします。かおりさんの悩みは、新しい友だちやクラスに馴染むのに時間がかかることでした。４年生の初め、思い切って先生に相談に行きました。明るく優しそうだったからです。先生は終始笑顔で親身に悩みを聞いてくれました。自分の経験も話して励ましてくれました。かおりさんは気持ちが楽になりました。

◉　マイナスポイント

子どもにとってクラス替えは期待と不安が交錯する時です。中でも、新しい環境になじむのに時間のかかる子にとってはなおさらです。事例のように、担任に相談するに至るまでには、大きなためらいや迷い、不安があったはずです。そうしたとき、相談しにきた子どもを、「今、忙しいからあとで聞くね」と言って追い返したり、簡単なやりとりで終わったりしていませんか。

コラム

「カウンセリング・マインド」という言葉があります。悩みや問題行動を解決するため、助言を与えること（カウンセリング）を効果的に行うのに必要な心構えのことです。教師には、子どもたちの気持ちや発言を分かろうとする姿勢＝カウンセリング・マインドが必要です。

◉ アドバイス

子どもにとって、担任の先生が醸し出す雰囲気や印象は気になります。

担任は、いつでも子どもからの相談に応えていこうという姿勢を示すことが大切です。忙しそうな雰囲気ばかりでは、子どもから敬遠されてしまいます。相談を受けたら、「話を十分に聞くこと」を最優先にしましょう。互いの信頼関係が基本になるので、相談者の発言や考えをよく理解するように努めることです。

◉ ステップアップ

子どもからの相談だけではなく、子どもに気になる点があったときは、担任から声をかけて話を聞くよう心がけましょう。相談では、「相手の存在や価値を認める」ことや「自分の言動がどう受け止められているか、細心の注意を払って相談する」ことなどの配慮が大切です。教師の言葉遣いや動作、姿勢なども重要です。相手の心に寄り添った相談ができるよう、相談のスキルも高めていきましょう。

59 臨機応変の行動力

青柳先生は、社会科の校外学習で地域めぐりに子どもたちと出かけました。学校の周りの慣れたコースでした。ところが天候が急変し、黒い雲が広がり遠くで雷の音がします。急いで学校に戻ることにしました。学校に着いた直後、雷雨となりました。子どもたちは、間一髪といってはしゃいでいます。青柳先生も事故につながらなくてホッとしています。

◉ マイナスポイント

学校は、子どもたちとって安心・安全の場でなくてはなりません。いろいろな分野で安全対策が講じられていますが、それでも不意の出来事が起こったりします。校外学習では、雷に打たれたり雨に遭って体調を崩したり、けがをした子が出たりでは、授業の目的を果たしたとは言えません。教師が判断を迷い決断が遅れたりすると、思わぬ事故につながる心配も出てきます。

コラム

東日本大震災で、宮城県の石巻市立大川小学校の悲劇は、津波で全校児童108人のうち68人が一瞬のうちに命を落とし、6人が行方不明になりました。津波が到達するまでの約51分間、校庭に児童を座らせ、11人の先生方は何をしていたのでしょう?。学校のすぐ裏は山でしたが……。大きな教訓を与えてくれます。

◉ アドバイス

各学校の教育活動の多くは、数年来継続して実施されていることが多くあります。教師は慣れていても、子どもは初めてで、活動時の状況も毎年同じではありません。その都度の用意周到な準備が必要です。その際には、もしもの場合を考え、いろいろな場面を想定した対応策を考えておかなければなりません。また、とっさのときは、適切なリーダーシップを発揮することが大切です。

◉ ステップアップ

学校生活では、予期せぬことが起きたりします。日常的に行っている作業や活動にも細心の注意が必要です。そこで、自分一人だけの判断に頼らず、学年主任や校長・教頭などの複数の意見やアドバイスを聞くことが大切です。危険をあらかじめ察知したり、遭遇して判断するときに大いに役立つからです。そして、臨機応変の行動ができるように、日ごろからの訓練を大事にしてください。

60 保護者との付き合い方

若い男性の横地先生は、保護者の間で人気があります。ある母親から「子どものことでいろいろと相談したい」と言われたので、メールアドレスの交換をしました。それからは、子どものこと以外でもＥメールが届くようになりました。少し困っていたら、私とも交換してくださいという連絡が何人かの保護者からも来てしまいました。他の保護者にも伝わったようです。横地先生は、困ってしまいました。

◉ マイナスポイント

若い先生の場合には特に、日々の教育活動に不安感や疑問を抱きがちになるでしょう。

自分の不安感を解消するためにも、支持者めいた存在をどこかに必要とする気持ちがあるかもしれません。しかし特定の保護者との関係は、周囲の人々にあらぬ誤解や偏見を安易に与える要因にもなり、自身への信用や信頼にも関係します。Ｅメールという便利なツールの使用についても、つい軽い気持ちでよかれと思って使用するのは注意が必要でしょう。

コラム

Ｅメールをめぐるトラブルは、昨今あとを絶たず、個人情報の流出やプライバシーの侵害、あるいは人権侵害にまで及んでいます。Ｅメールはあくまで手段であって、それを生かすのは私たち人間一人ひとりであることは言うまでもありません。メディア・リテラシーが重要性を増しています。

◉ アドバイス

Ｅメール使用が通信手段として慣れている若い先生や保護者にとって、全くＥメールを使用しないということは、かえってストレスになる場合もあるでしょう。学校や家庭における子どもたちの様子を、先生や保護者が双方向で、ともに共有できる環境も大切なものです。Ｅメール使用においては明確な基準を持ち、特定の保護者ではなく事柄によっては誰もがアクセスでき、情報を共有できる環境を整備する可能性を探るように工夫してみましょう。

◉ ステップアップ

Ｅメールは大変便利な通信手段ではありますが、絶えず第三者から容易にのぞかれる可能性があるだけでなく、Ｅメールの誤送信により情報が流出する可能性があります。また、保護者全員がそうした手段をもっているとは限りませんし、プライベートな事柄にそのような手段を使用すること自体に、拒否反応を示す保護者もいるかもしれません。誰もが当たり前と思うことや、日々の便利さを疑う態度を持つことが必要でしょう。

61 子どもの様子を具体的に親に知らせる

後藤先生は、クラスのある男の子の対応に手を焼いています。気に入らないことがあると友達に乱暴したり、授業中は立ち歩いて学習を邪魔したり……。その都度、その子と向き合って諭《さと》しているのですが一向に改善が見られないのです。後藤先生は、保護者を呼んで話すことにしました。保護者は「家では何の問題もありません」と聞き入れてもらえません。

◉ マイナスポイント

先生は、一日の大半を学校で共に過ごしている子どもたちの態度が全て、と思い込む傾向が往々にしてあるでしょう。問題行動のある子どもへの対応は、非常に苦労します。

保護者もまた、自分が目にしている子どもの態度が全て、と思い込んでいる場合が多々あります。客観的に物事を見るということは、特に感情をともなう場合には、非常に困難になります。しかし何事にも、絶対ということはないはずです。

コラム

複雑化した変動する現代社会においては、子どもたちも大人同様に困惑していることが多々あります。子どもたちの方が生きにくさなどを、大人よりも敏感に感じているかもしれません。時折、子どもの目線に立って、いろいろな事柄を見て、その背景を想像してみることが必要かもしれません。

◉ アドバイス

学校での子どもの問題行動を親に伝える際には、決して感情的にならずに冷静に対処しましょう。家庭や親の前での子どもの様子はどうかなど、聞き取りをしてみます。そして学校での子どもの日頃の状態や指導の様子など、記録してきたことに基づいて、客観的に具体的に伝えましょう。

一方的に子どもが全て悪いと決めつけずに、子どもの心の中で何が起きているのか、親とともにその原因や要因を模索するような共感的な態度を心がけてみましょう。

◉ ステップアップ

問題行動を示す子どもは、訴えたい事柄を伝える手段が見つからず、思わず行動で示している場合が往々にあります。時代の変化につれて、子どもが日々抱えるストレスも違うことでしょう。先生も親もかつて子どもであったのですから、子ども時代の自分がどのように感じ考えていたか、ともに思い出してみる必要があるでしょう。子どもはいろいろな可能性を持っていることを念頭におき、両者がともに模索していく姿勢が重要でしょう。

62 プリントで、保護者が全て理解したと思うな

明後日から水泳学習が始まるのですが、保護者の○○さんはまだ参加承諾書を提出していません。「学年便り」でも、「水泳学習のお知らせ」でも保護者へは周知しています。もちろん、担任から口頭で再三締め切りを伝えているのですが、例年のこととはいえ、保護者に伝わっていないケースが多く見られます。担任の伊藤先生は、連絡帳に明日までの提出をお願いし、再度書類も渡しましたが……。帰りが遅い保護者との連絡には苦労しています。

◉ マイナスポイント

先生は、一人ひとりの子どもたちの家庭の状況を把握し、時には家庭の事情に応じた対応をすることが必要となる場合もあります。しかし提出物の期日は、しっかりと子どもを通じて保護者に知らせ、守らせることは、大切な指導のあり方と言えるでしょう。先走るように自分の都合から先生は家庭の状況に応じて、つい連絡を取りがちになるものですが、極力、子どもを通して保護者の関心を引き出すように指導するのがよいでしょう。

コラム

学校は、多種多様な「たより」に満ちていると言えるでしょう。しかもIT機器の発達ににより、現代社会は情報が溢れかえっています。保護者も多忙であることから、ついうっかり目を通すことを忘れるときもあるでしょう。情報の伝え方について、考え直す必要もあるかもしれません。

◉ アドバイス

先生はとかく「プリントで知らせたから」「ノートに記入したから」「学級便りに載せたから」と文字で連絡すれば、保護者が全て理解してくれていると思い込む傾向があります。そして、何度も知らせているのに分かってくれないと嘆きます。

年度の初めに届くお便りの多さ、学校だより・学年だより・学級だより・保健だより・給食だより・図書だより・PTAだより、その他に教育委員会・市の行政・安全協会……などからの印刷物、これら全部に目を通す保護者などいらっしゃるでしょうか？

◉ ステップアップ

一つ一つの便りを見ればどれも必要なものでしょうが、何通もドサッと来ては目を通す気持ちも萎《な》えてしまいます。内容のダブりもかなりあるのではないでしょうか。プリントを出すタイミングも大事でしょう。プリントに頼るだけではなく、事情に応じてメールや電話も必要になるでしょう。やはり、子どもの協力を仰ぐのが一番です。子どもと先生が一丸となって、「共同」して親に働きかけましょう。

63 保護者とは、できるだけ直接話す機会を持つ

鈴木先生に保護者から電話がかかってきました。内容は、「子どもがいじめられているのではないか？」ということでした。放課後、女の子同士のちょっとした気持ちのすれ違いを心配されているようでした。そのときの様子を説明したのですが、なかなかうまく通じません。そこで、鈴木先生は、電話を置いて、家庭訪問に行きました。しばらくして戻ってきたときの顔には、笑顔がうかんでいました。

◉ マイナスポイント

昨今の先生方をめぐる学校での活動状況は、必要書類等の記入などにより、非常に多忙さが増しつつあります。保護者から、子どもをめぐるトラブルなどの問い合わせにも、つい電話やメールで済ませたいと思うことが本音としてあるでしょう。しかし、そのように面倒に思うことで、簡単な事項もかえってむずかしくさせてしまうことが多々あります。お互いに顔の表情が見えないために、過度の想像が働いてしまうこともあるので注意が必要です。

コラム

保護者が自分の子どもについて、先生にいつでもどんなことでも、相談しやすいような雰囲気があることや、信頼関係を日頃から築き上げておくことが大切でしょう。そして、その子どもにとって最善なことは何かを、教師と保護者とがお互いに遠慮なく意見を言い合えることが大事です。

◉ アドバイス

保護者は誰でも、「自分の子どもが、学校でいじめなどのトラブルに合わないことにこしたことはない」と思い、「何事もなく学校を卒業してほしい」と願っているものです。おそらくそれは、先生も同様でしょう。このような問い合わせがあったときには、まずは親の不安な気持ちを和らげることが大切でしょうし、自分が知り得ていることは客観的に伝え、情報を共有することが初めの一歩となるでしょう。

◉ ステップアップ

「目は口ほどに物を言う」といったことわざにも言い表されているように、人間の顔の表情というのは、情報発信の最たるものと言えます。電話やメールなどは、簡単に事柄を伝える上では、非常に便利なツールではありますが、肝心な顔の表情は全く分かりません。

想像や妄想による保護者の誤解を解くためにも、家庭訪問などでお互いに顔を突き合わせての話し合いは非常に重要だと言えます。

64 地域の行事にも、ちょっと顔出ししよう

かいと君の住む地域には、古くから伝わる祭りがあります。その祭りでは地域の子どもたちが、おはやしや舞を演じます。当日は練習の成果を大勢の地域の人や観光客の前で披露します。かいと君は学校ではあまり目立たないけれど、祭りの笛を担当します。今年は担任の小林先生にも声をかけました。小林先生は一度見学に行ってみようと思いました。

◉ マイナスポイント

子どもたちの間で、過酷とも言えるようないじめが横行するようになった背景にも、近年、学校が非常に狭く閉ざされた空間となったことが、要因としてあるように思われます。家庭もあまり地域社会に溶け込んで馴染んでいない状況の中で、子どもたちはとても息苦しさを感じているのではないでしょうか。もう一度、地域社会の中の学校のあり方を問い直す時期にきていると言えましょう。

コラム

昨今は「地域あってコミュニティーなし」、とも言われる状況があらゆるところで見受けられます。人間関係が希薄になり、「隣は何をする人ぞ」という感覚で、一昔前では考えられないような事件も起きています。地域社会の中の学校の役割を、地域活動などを通じて考える良い機会となるでしょう。

◉ アドバイス

子どもが地域社会から得る影響は、大きなものがあります。特に地域の活動に積極的に関わっていることで、家庭や学校とは全く異なる表情や成長、そして発達が見られる場合も多々あるでしょう。先生方も積極的に地域社会の活動に関わることで、周りの人々の学校に対する見方も変わってくることでしょう。学校における問題に対して視野を広く持つためにも、積極的に地域社会との関わりを持ちたいものです。

◉ ステップアップ

先生もお祭りなどに見学に行くといったことだけでなく、ぜひその地域社会の文化保存という使命からも、時間が許す限り子どもと一緒に活動してみることも、ときには必要であると思います。子どもと一緒に活動することを通して、学校や家庭では見られない子どもの新たな一面が発見されることもあるでしょうし、より深い子どもの理解につながることは間違いないでしょう。

65 教育はサービス業ではない

遠藤先生は、ある保護者から「隣の学校は、子どもの面倒見がよくて、親の要望もよく聞いてくれるようです。教育はサービス業ですから、いろいろ先生にお願いしたいのですが」と言われました。自分では一生懸命教育活動に取り組み、個々への配慮も大事にしているつもりだったので、サービス業とはどのようなものかを考え込んでしまいました。

◉ マイナスポイント

人間の欲望は、絶えず肥大化し、おそらくとどまるところを知らないものであると言えます。保護者も日常生活が多忙であるため、ついめんどうなことは全て学校に任せたいと思うのが本音でしょう。「家庭の教育力が低下している」といわれている状況でもあります。

先生もまた保護者の心証を良くするために、もともと指導するのが好きという面もあるため、理不尽と思いながらも受け入れてしまう面もあるでしょう。それでいいのでしょうか。

コラム

評価主義の悪しき行き過ぎなどにより、サービスという言葉をはき違え、保護者の要求に一方的に寄り添う、人気取り合戦に陥っている学校や教育行政があります。正しい消費者教育にも通じることだと思いますが、真に人間形成とはどのようなことか再考する必要があるでしょう。

◉ アドバイス

最近、「何でも言ったもの勝ち」ではありませんが、ある種の変な消費者教育がまかり通っていると思わざるを得ないことが多々あります。教育は一方的に何かを与えられたり、教え込まれたりするものではないのは言うまでもありません。学校や先生方も、どこまでが「できること」か、「できないこと」か、ということを明確にする必要があるでしょう。

教育は決して、悪しきサービス業に成り下がってはならないものです。

◉ ステップアップ

教育は確かにある一面、サービス業的要素を取り入れる必要性があることも、事実ではあります。しかし大切なことは、自分で考え自分で判断し、何が本当によいことなのかを見抜けるような力を育成することが、本来の目的であると思います。手段と目的が取り違えられた状況において、実践される教育は、一体どのような人間形成を行うことになるのでしょうか。

66 保護者とのトラブルの対応の仕方

隣の川口学級の保護者が「林間学校に子どもが行きたくないと言っている」と、少々立腹して面談に来られるとのこと。学年主任の伊藤先生は、「大丈夫よ」と、まだ若い川口先生に声を掛けています。身なりを整えて笑顔で迎えること、話をよく聴いて、誠実に対応することなどを伝えています。面談時間が近づいてきました。「私も一緒の方がいいかしら」そんな気持ちも湧いてきます。

◉ マイナスポイント

若い先生は、保護者からのクレームというだけで、いろいろと悩んでしまいがちです。自分一人で抱え込む場合もあるとは思いますが、若いからといって話し合いの最初から、学年主任の先生に同席してもらうことは、かえって問題を大きくしてしまったりします。まずは、自分なりに誠心誠意を尽くして対応した上で、それでもさらに何かあれば、学年主任の同席を求めるべきでしょう。

コラム

マスコミによるモンスター・ペアレントやヘリコプター・ペアレントなどの保護者の実態に惑わされずに、目の前の事態に真摯に取り組むことが大切です。自分で対応することが基本ですが、決して無理をせず、必要とあれば経験豊かな主任の先生に頼りましょう。人間は、誰もが完璧な存在ではあり得ません。

◉ アドバイス

学年主任の先生は、経験も豊富で保護者への対応なども慣れていることは確かです。しかし最近は、経験があるからといっても、対応できないような場合もあるでしょうし、若い先生方の方が、変な先入観にとらわれない強みのようなものもあるかもしれません。往々にして、保護者の側にも変な思い込みで、勝手に考え過ぎる場合もあるかもしれません。誠実に話をよく聞くことが基本であり、変な細工はしないことに限ります。

◉ ステップアップ

若い先生方とはいえ、保護者からの言動についての受け答えについて、自分なりにシュミレーションしながら、冷静に対応する方法について模索しておくとよいでしょう。結局は、保護者にしても先生にしても目的は同じで、自分の子どもや担当する子どもにとって何が必要であり、重要なことなのかをともに考えていくことは共通しています。変な先入観を持たずに、誠実さを忘れずに面談に臨むことで、思わぬ道が開けることはあるものです。

67 自分の家庭を大切に

坂本先生は、学校での教育活動に熱心に取り組むだけでなく、地域のバスケットボールの指導者としても活躍しています。休みの日は練習や試合があり、ほとんど家にいません。先日、2年生の長女が作文に「お父さんはいつも忙しそうです。一緒に遊べなくて寂しい」と書いていました。それを聞いた坂本先生は、考え込んでしまいました。

◉ マイナスポイント

教師はもともと奉仕の精神が旺盛な人が多いせいか、いつのまにか自分の人生を犠牲にしてまで、文字通り献身的に頑張ってしまう人が中にはいます。なかなかバランスを取ることは難しいことですが、先生である前に一人の人間であるということを思い出す必要もあります。忙しさにかまけて、また真実を知ることはときには苦しいこともありますが、気付いたときには大変なことになってしまっていないようにしたいものです。

コラム

教育とは、周りの人々との関わりを通して、さらに充実させていくことができるものです。先生としての成長・発達には、もちろん学校における人々の存在が確かに大切です。もっと身近なところに、自分自身のことをより深く理解し、受け入れてくれる家族の存在があることも忘れないでください。

◉ アドバイス

学校における教育活動に没頭していることのマイナス要因が、家族の方からはっきりした形で示されれば、熱心な指導の先生も自身の活動の理不尽さにすぐに気付くでしょう。

しかし日本人の家族というのは、往々にして、我慢強いという点が美徳でもあり、困った点であることも確かです。人間は、自分の支えとなる基盤がしっかりあってこそ、いろいろな活動ができるのであり、その基盤が崩れてしまっては元も子もありません。

◉ ステップアップ

先生も人間です。大切なものを失ってからでは、遅いのです。確かに自身の教育活動に熱心になることは大変な美徳でしょう。しかし時折、必ず立ち止まって身近な家族の気持ちや様子はどうであるか、ということを振り返る余裕も必要でしょう。そうした余裕がある態度こそが、さらに素晴らしい教育活動を生み出すことにつながるでしょう。

片意地を張ることは一切必要ありません。人間は弱い存在であることを、認識してください。

【執筆者紹介】

＜編者＞

村越　晃（むらこし・あきら）元目白大学教授

1943年生　熊谷市出身、教育臨床学・教育学

主な編著書：『イラスト版 子どもとマスターする49の生活技術』〈全５巻〉合同出版社
『子どもの生活習慣と生活体験の研究―教育臨床学入門―』一藝社
『しつけ事典』（監修）一藝社

＜執筆者＞

青柳正彦（あおやぎ・まさひこ）戸田市立笹目小学校校長

大竹　仁（おおたけ・ひとし）元公立小学校校長

田中広美（たなか・ひろみ）聖栄大学専任講師

野川智子（のがわ・ともこ）元公立小学校副校長

野口智津子（のぐち・ちづこ）逗子市立沼間中学校総括教諭

藤野淳子（ふじの・じゅんこ）横須賀市立公郷小学校総括教諭

布施尚志（ふせ・ひさし）元公立小学校校長

堀　建治（ほり・けんじ）中部学院大学短期大学部准教授

松木久子（まつき・ひさこ）秋草学園短期大学幼児教育学科講師

室矢真弓（むろや・まゆみ）海老名市立有馬小学校総括教諭

（アイウエオ順）

◉イラスト：エダりつこ

これだけは身につけたい
小学校教員の常識67

2015年9月30日　初版第1刷発行

編　者　村越　晃
発行者　菊池公男

発行所　株式会社 一藝社
〒160-0014　東京都新宿区内藤町1-6
Tel. 03-5312-8890　Fax. 03-5312-8895
E-mail : info@ichigeisha.co.jp
http://www.ichigeisha.co.jp
振替　東京00180-5-350802
印刷・製本　シナノ書籍印刷株式会社

ISBN 978-4-86359-103-5 C2037